劝善书注译

道学经典注译

唐大潮等 注译

中国社会科学出版社

图书在版编目（CIP）数据

劝善书注译／唐大潮等注译．－北京：中国社会科学出版社，
1996.12（2004.9 插图版）

（道学经典注译／曾传辉主编）

ISBN 7-5004-2003-X

Ⅰ．劝…　　Ⅱ．唐…　　Ⅲ．道教－道德规范－中国　Ⅳ.B82

中国版本图书馆 CIP 数据核字（96）第 21872 号

责任编辑　　冯国超　　蒋佩林
策划编辑　　陈　彪
责任校对　　姚海燕　　陈凤连
内文配图　　冯国超
封面设计　　王　华
责任印制　　郑以京　　戴　宽

出版发行　　中国社会科学出版社
社　　址　　北京鼓楼西大街甲 158 号　　　　邮　编　100720
电　　话　　010—84029453　　　　　　　　传　真　010—64030272
网　　址　　http：//www.csspw.cn
经　　销　　新华书店
印　　刷　　北京人卫印刷厂
版　　次　　2004 年 9 月第 2 版
印　　次　　2004 年 9 月第 2 次印刷
开　　本　　635×965 毫米　　1/16
印　　张　　9
字　　数　　141 千字
定　　价　　14.00 元

序　言

　　道家，使人精神专一，动合无形，赡足万物。其为术也，因阴阳之大顺，采儒墨之善，撮名法之要。与时迁移，应物变化；立俗施事，无所不宜。指约而易操，事少而功多。*

——司马谈：《论六家要旨》

一

　　华夏远古文明，历夏、商、周三代至于春秋战国时期，数千年的积累已经使她的内涵变得异常深刻丰富，而此时恰值奴隶分封制之下的中央集权衰败不振之际。周王朝在政治上大权旁落，令出诸侯，形成群雄争霸、逐鹿中原的格局；在文化上，官学摧折，典籍散佚，以老子为代表的道家学派率先异军凸起，其余各家，相继而兴，自骋其说，形成千古称颂的百家争鸣局面。

　　道家肇始于诸子之先而不彰自显，影响所及周遍百家，延至今日。这恐怕首先要归于老子身份具有的得天独厚的条件。周代制度，礼不下庶人，官学高居朝堂，普通士子，难得看到各种宝贵文献。老子长期充任柱下史，执掌千年学库管钥，却使他能够广泛披阅历代秘档，全面总结前面的社会发展经验，提出系统的理论。老子道家思想

---

　　* 道家：前汉学人所谓道家，概指黄老之学；"道学"概念首见于《隋书·经籍志》，也指黄老之学；今人所用"道学"概念泛指道家和道教各派。从逻辑上来讲，道教不能等同于道家，道家也不能等同于黄老。然而三者又无法截然分开。不管是黄老之道，还是老庄之道，都被道教教拿来奉为精髓。这段话概述的黄老之学的特点，实际上也是后世高道们追求的目标。我们引用为本序的题记，借以表达本系列丛书编撰者们的一片良好心愿。

　　动：行动。合：契符。无形：道之别名。赡足：齐备。阴阳：天地。儒墨：指儒家、墨家。名法：指名家、法家。指：通"旨"，宗旨，要点。

建立在广博的文献提炼基础之上，总结了深刻的历史法则，加之他的官方身份，使他在有生之年，已经声名远播。天下学子，争相宗之为师，或受业于其门，或辗转相传。其情其景，可想而知。即使仲尼与老子，主张殊不相侔，也曾经远道负笈问礼。可见老子影响，非同寻常。

老子归隐后不久，由于兵乱，周室典藏，分散民间，不复综窥全豹。各家学子遂在老子的基础上，从自己的立场出发，各执一端，各任其说，亦各逞干世之术于当时，遂演成九流之别。即使道家学派，也各自分趋，一化为多。故《庄子·天下篇》说："天下之治方术者多矣。"把当时学者，分为八家，其中四家——宋钘、尹文之学，彭蒙、田骈之学，老聃、关尹之学，庄周之学——以阐发道论为枢机，仍属道家。班固《汉书·艺文志》所列"九流"之中，除阴阳家之外，儒家、法家、墨家、名家、纵横家、杂家和农家，虽独立门户，自成一派，而探其源流，则或多或少都与道家有关。

自汉武以降，儒术定为一尊，其他各派，渐归湮没，唯道家与之并存。而其思想因素的主体，则为后汉兴起之道教所承袭和整合，组成对抗儒家意识形态的联合阵线。至此，中国思想史发展的螺旋运动，完成了一个由合而分、由分而合的周期。所以《道藏》琼札，五千余卷，所列众书，多捃拾诸家绝学，看似以续余响，实称叶落归根，或更贴切。其中更多有儒家所不敢言不能言者，更有后兴之佛教所不能识不能辨者。历代佚亡典籍，或附道经而存，自成题中应有之义。

道学杂而多端，旧时学人诟病者多多。然而道学之所以成为中华民族文化之根柢，实为中华学术历史发展的逻辑结果。从这个角度来看，她实际上是"多端而不杂"，不杂不多就不足以成其为根柢。

二

然而道学的生命力并不是老子、张陵等人在书斋中皓首穷经铸就的，是历史孕育和发展了她的博大内涵。《汉书·艺文志》"道家者流"一节中，有两条内容给我们以很深的启示。其一是"《伊尹》五十一篇"；伊尹出身奴隶，因贤能而后乃为商汤王相，助汤攻桀，是奠定汤王朝的关键人物。其二是"《太公》二百三十七篇"，包括《谋》八十一篇,《言》七十一篇,《兵》八十五篇,皆与用兵与治世有关。以上二书虽然不大可能是原作,而极有可能出自战国思想家之手。但是伊、姜二人被归为道家,却给我们暗示了道家与它之前的历史之间一丝不绝如缕的联系。商初的史实今人已知之不多。至于周代,史家皆以"太公之谋"、"周公之训"为建立其政权的两块基石。盖商末之世,纣为天子,残暴无度。文王处周岐之间,地不过百里,修德行义,主用太公望吕尚之谋,以卑弱制强暴,而成"天下三分,其二归周"之势。文王殁后,武王灭商而王天下,首封国师姜尚父于营丘(今山东临淄境内),是为齐国。太公望治齐,推行"尊贤尚功"的治国路线,讲究简政从俗,注重功利,劝其女功,极其技巧,通其鱼盐,发展生产,重视人民的实际利益;"五月而报政周公",讲求效率。其后,齐国日益强大,终成霸主。武王之弟周公旦是周初另一位关键人物,他受封于鲁国,在鲁推行一条"亲亲尚恩"的治国方针,正好与姜尚之政形成鲜明的对照。周公旦之子伯禽代父治鲁,注重繁文缛节,变革旧俗,推行三年之丧,忽视效率,重视宗法氏族关系的维护。其后,鲁势日削,北面事齐,至于觎存。

道家创始人老子虽然并非生长于齐国,他与姜尚是否有某种学术传承线索,现在也无据可考,但是他的思想确实与周王朝的兴衰、齐鲁之政的正反经验有关。至战国时,齐国稷下学派,称为道家,齐国俨然成为道家学术的中心;鲁国则成为儒家学派的策源地。道儒二家自萌发之时起各自的社会政治角色就各不相同,相反相成,共同成为民族文化发展的母体。

儒家善于守成,道家长于应变。自从儒术被订为不刊之说之后,道家学术的优势地位骤然下降。二千多年来,虽然它在总体上处于潜伏不彰的状态,但是每到旧的体制弊端积重难返,危机四伏,革新派和革命派起来救弊兴利之时,他们利用的理论武器往往是因时变化的道家学术。

汉末,刘氏政权陷入无可挽回的危机,张角组织道团,令祭酒教人诵习《老子》五千文,组织黄巾起义军,从根本上动摇了汉王朝。天下从此进入由合而分、诸侯割据的状态。其后出场的"千古英雄豪

劝善书
注译

杰"曹操和诸葛亮,二人虽然为人和品性相距甚远,但有一点却完全相同:他们都是具有典型太公风范和老子精神的人物。他们深通兵法,神机妙算,延揽人才,赏罚分明;曹操渴慕神仙,好养性法,孔明澹泊宁静,精通道术;都有审时度世的黄老思想。

唐末无能子,在黄巢起义的同时,从思想上与之呼应,隐姓埋名,著《无能子》一书,大胆地否定封建礼俗的先天性质,直接把"覆家亡国之祸"、"生民困贫夭折之苦"归于儒家标榜的圣人之过。

宋代著名改革家王安石在政治上推行新法,在学术上实行新学,并亲撰《老子注》,引申其辩证法思想,作为变法的理论根据。

明太祖朱元璋在打江山时就在刘伯温、铁冠道人、周颠仙等谋士指导下研究应用道家思想,颇有心得。统一天下后,欲借鉴前代哲王之道,乃披阅《道德经》及诸家注论,因"所注者人各异见",故自得立说,不用古注。在自序中,他盛赞《老子》"乃万物之至根,王者之上师,臣民之要宝"。

到近代,中国沦为半殖民地半封建社会,国运衰颓,忧患交迫,有志之士,上下求索,力图找到一条有效的出路。在传统文化中,不少人的目光不约而同地再一次看中了道家学术。爱国思想家魏源曾著《老子本义》,在《论老子》一文中,他断言:"《老子》,救世书也。"把老子的时代意义,定位到前所未有的新高度。著名启蒙思想家严复在积极向西方寻找真理的同时,也非常注重我国固有学术的发掘。他曾点评《老子》,着重指出"中国未曾有民主之制",多次强调"《老子》者,民主之治所用也",以为《老子》第八十章所描述的就是"古小国民主之治"。

严复的论述涉及到现代中国文化重建中的一个至关重要的问题:中国传统文化中是否有与现代文明的主题——科学与民主相契合的成分?道教与我国古代科技的密切关系,已经为世人公认。尽管"中国未曾有民主之制",但道家传统中是否含有比其他各家更多的民主因素,可供我们吸取?这一点有必要重新考虑。道家道教理念中,对政治的最高憧憬是王者垂衣拱手优游无事而天下太平的境界,这就是所谓的无为之治。无为之治的基本内容就是"圣人无常心,以百姓心为心",就是政策要根据人民的意志来决定。过去人们没有将其认同为民主思想,是因为没有发现与西方近代民权论和社会契约论大体一致的内容,更没有找到民主制可操作的纲领。我想也没有人会提出这样的苛求。同样,也不会有人否定,道家道教中某些成分,的确包含了对君主绝对权威的否定和对人民意志的肯定。这是我们在建设民族文化的过程中可以加以吸取的。

三

先秦各家哲学思想总是伴随着某种"术",甚至各家都是根据这些"术"来表达自己的哲学的,比如儒家被称为"儒术",法家被称为"刑名法术"。不过各家的"术"主要是治平之术,而道家的"术"还包括各种不同的方术,故而人称"无所不窥"之学。道家首宗黄帝,而黄帝也是历代方士最常依托的对象。《老子》、《庄子》中暗含的许多修炼方式,成为后世道教仙术的原型。《老子》五千文一开始就被道教组织作为包含有成仙之道的教义手册使用。《汉书·艺文志·方技略》和《隋书·经籍志》子部方药类中所录书目也多有见于《抱朴子·遐览》篇者。后世各朝各代统治者对待道教教团的态度或许各不相同,道学治平之术的发展不可避免地受到限制,但中国方术却始终在道学的推动下向前发展,尤其是养性延命的修炼方术被首重长生的道教发挥得淋漓尽致。

注重现实人生、挚爱生活是中华民族从远古以来便已形成的一大传统。这一点在道教中得到相当集中的体现,并成为这个宗教最为显豁的主题。道学对现世人生抱相当肯定的态度。《太平经》认为,天地之间,"人命最重","寿为最善"。人活一世,生老病死,道学并非皆以为苦。《列子》认为:"天生万物,唯人为贵。而吾得为人,是一乐也。"有幸能生而为人,乃是第一大幸事。但是道学的确以老病死为人生之大痛苦。从客观上来说,老与死虽不可避免,但是它们的临近的时间表却是非常有弹性,可借人力而改变的。同样生在天地之间,有人"半百而衰","自之死地",有人则"百岁尚健,犹能生子",享受生之欢娱。但是要说到病,则是可以基本上避免的。这一点,《抱朴

劝善书

注译

子》相当乐观："若夫仙人，以药物养身、术数延命，使内疾不生，外患不入，虽久视不死，而旧身不改。苟有其道，无以为难也。"其实道学所谓长生不死，也并不是强调现世肉身不朽，而是要通过实施内丹修炼这一人体系统工程向死亡的界限提出挑战，从"逆"的方向上夺天地之造化，凝炼精、气、神，提高生命的质与量。《太平经》对这一点也看得很清楚，它认为，人的可能寿命，上寿 120 岁，中寿 80 岁，下寿 60 岁，60 岁以下算夭折。现代生物学也证实了这种估计。据研究报道，人体细胞每 0.24 年分裂一次，最多可能分裂 500 次。所以一般情况下，人的可能寿命是 120 岁。但是，无数事例证明，即使是 120 岁，也不是最大极限。可见，人寿极限的弹性和能动性是多么令人乐观。

道学唯生学说，不以妄希生后福报、死后天堂为终极关怀，而是首贵身心健康，"使现实人生，相当安慰"，既要缓解死亡的威胁，又要消除人生的苦恼。今天，科学昌明，生产发达，物质丰盛，富者日众。此世之愉悦，胜似他世之大同。但是物质财富是一柄双刃的剑，它可以带来轻松，也可以带来沉重；可以引来福庆，也可以招致祸患。如果对待不慎，低级的物欲消费带来的暂时兴奋便会像闪电一样消失，泡沫一样破灭。于是"恍然大悟"，很容易走向另一个极端，以为现实世界，林林总总全是水中月、镜中花，一切有形都是幻影。在一个极端和另一个极端之间摇摆，遂令社会风气，要么人欲横流，要么尽堕悲观。道学的养性延命学术，就是教人如何作为，才不会让财富成为伐性之斧、催命之符。一个具有道学教养的人，必定会珍视生命，爱惜羽毛——就是《老子》所谓"啬"的精神。很难想像，他会暴殄天物，甚或作奸犯科；也不能想像，他愿敝屣红尘，自了其生。

四

道学的传统中虽然包含了许多对现代世界非常有益的营养成分，但是真正认识到这些成分的有效性并有意识地加以吸取、利用和发挥的人并不太多。其原因很多，而对道学经书的译解的艰难程度恐怕是最基本的问题。

早在一百年前，严复就在《译〈天演论〉自序》中感叹："读古书难！"他总结了三方面的原因：一是"历时久远，简牍沿讹"，文字错脱较多；二是"声音代变，则通暇难明"，音义变化较大；三是"风俗殊尚，则事亦参差"，社会环境变化较大。重要典籍虽然历代"训疏"者勤，仍不免"于古人招示来学之旨愈益晦矣"。对道经来说，研读的难处，恐怕还要增加两条：首先是它突出的杂多性。道学典籍，三洞四辅十二类，祖述黄老，兼综百家，包罗万象，贯彻九流，既有"历记成败存亡祸福古今之道"的"君人南面之术"，又有积精累气、温寒祛热的医道仙术，还有图谶术数、兵钤韬略、玄门祝由、剑术拳法。旧儒尚以"道家之术，杂而多端"为病，受西学浸润的现代学者更是鲜有愿意问鼎者。其次还在于它传播方式的神秘性。道学传统，口诀门径都要一脉相承、口口相传。在文字记载方面，要紧之处往往隐语连缀，窥其堂奥者或以为是宝墨灵文，不识真面目者反以为呓语鬼话。这一点甚至曾使"文通万国"、"学超三教"的胡适博士在广求佛禅之后"发心"攻读《道藏》时被拒之门外，结果以一纸论文，判定道书"多是半通不通的鬼话"，将其打入冷宫，不再过问。

然而，有难关必有勇士。早在本世纪之初，正当传统文化危机四伏，道教学术更是四面楚歌之际，就有陈撄宁、许地山、陈垣、蒙文通等国学大师以整理国故为己任，对道学进行了许多开辟性的研究。鲁迅先生甚至断定："中国的根柢全在道教。"尤其值得称颂的是陈撄宁先生，他以捍卫本国固有文化、振兴仙道学术为己任，历尽艰辛，四海访道，著书立说，创刊办报，成立组织，广纳门徒，影响所及，至今犹存。在他对某些道学重要典籍的阐释中，坚持从实验、实践出发，并结合近代科学，开辟了现代道教研究的新方向。

与祖国古老传统文化日益疏离的情况，对今天的年轻人来说还要严重得多。在以西方文明为榜样的"五·四"运动的狂飙席卷古老的中华大地之后不到一个世纪的时间里，现代教育制度已经取得了无可争议的统治地位，白话文也取代沿用了数千年的文言文成为惟一通行的汉语形式。今天，中青年人早已不习惯也很难直接阅读古代作者留下来的文字了，他们要经过解释和翻译才能理解这些文字的意义。让更多的人了解作为传统文化的主要组成部分的道学，吸取其

劝善书

注译

劝善书

注译

○○八

中的优秀成分，这就是我们编辑这套系列丛书的初衷，也是我们在继承陈撄宁先生等前辈学人开辟的优良传统方面做出的一点尝试。

道学典籍固然是指道教徒信奉的经书。但是将这些著作奉为经典的人，又不仅仅是道教徒。道经中相当大的一部分同时也被广泛的社会大众认同为经典。现存的道经主要集中在明正统十年（1445）编纂的《正统道藏》、万历三十五年（1607）编纂的《万历续道藏》、清康熙年间（1662-1722）长洲进士彭定求编纂的《道藏辑要》和新近刊出的《藏外道书》等类书中。

道学经书，卷帙浩繁，即使专门研究者，也难一一涉猎，普通读者，更无需周知。我们确定本系列丛书的选题时，考虑了以下几个原则：一是在历史上有较大影响，二是对现实社会有一定的积极意义，三是对读者个人生活有一定实用价值，四是有较强的可读性。总的来看，入选本系列的书籍大致包括以下几种：①哲学类。道家哲学，价值巨大，举世公认。道教源于道家，故勉力发掘黄老庄列等的时代意义，自为题中之义。②教义类。这类经书是在道教产生以后由道教徒所撰写，是融会道家学说、神仙方术和有神崇拜为一体的创造之作，是了解各个历史时期道教思想发展的关键。③炼养书类。道学以长生久视为宗，贵现世而轻来生，求生存而厌速朽，在世界宗教中乃绝无仅有之例。道经中涵盖的炼养术，在身心双重保健提升方面，自成系统，实为世界文明史上的奇葩。在其强调实修实证方面，与科学精神不谋而合，易于为现代人接受。我们力促作者在译注过程中，做到理法兼备，并将某些安全、有效、简易口诀公之于众，让更加广泛的群众体会到传统道学的实在好处。④劝善书类。道学劝善书，有些曾经在我国封建社会产生过十分广泛而深远的影响。其主旋律是宣扬因果报应，劝人行善积德，以期福报，有些教导对当今社会人欲横流、私心膨胀的丑恶现象是有警诫作用的。⑤仙真记传类。道教神仙真人的各种传记，与世界上任何宗教的传奇故事一样，今人或许不能完全据以为史实，但它们以形象的方式集中反映了道教信徒对超凡入圣的天界生活的向往，有的神仙真人在历史上还实有其人，他们的生平事迹多有可考者，则具有史料价值。至于有文笔精练、恣意奇谲、妙趣横生之处,则具有文学审美价值。⑥术数类。术数学是用符号、形象和数字推测事物变化的学术体系,其中的内涵非常深奥而丰富,是形成中国传统思维模式的重要因素,有必要介绍几种思想深邃、内容健康的著作。

本系列的各类书籍,并未囊括道经全貌,况且每类书籍中,我们只选择了一种或几种为例,希望读者或藉此洞见道学的主要特色,或从中学习些为人处事的道理,或以为修身养性的借鉴,甚至作为闲暇时候的消遣手段,都未尝不可。

本系列丛书从选题策划到编辑付印,前后经历了两年多的时间。编著者中,大多是从事宗教、哲学、中医、体育研究的中青年学者。本系列中,有的书籍前人研究较多,我们从中借鉴了不少优秀成果,但对有众说纷纭之处,编著过程中难免有不能兼收并蓄而有去彼取此之点,也难免有挂一漏万之处。有的经书前人研究成果很少,做起注释和翻译工作来,完全是一种"孤胆英雄"式的冒险。因此,在本系列丛书面世之际,我们首先要对所有在相关领域里做出过直接或间接贡献的先行者们表示感谢。同时,我们也真诚地希望各界专家学者、各位读者,对我们的工作的各个方面提出宝贵意见,以推动这项事业朝着更好的方向发展。

曾传辉

1996年6月

撰于中国宗教研究中心

(chzeng23@sohu.com)

劝善书

注译

〇〇九

目 录

劝善书

注译

〇〇一

导　言

　　劝善书又称善书，其名盖取自《太上感应篇》"诸恶莫作，众善奉行"之意。此名出现，当在南宋以降，而劝善书的历史还要远早于此。历史上的劝善书都是一些专门宣传旧式伦理道德、劝人弃恶从善的小册子。这类书籍儒释道三教都有，而以道教劝善专书出现的时间较早，影响较大，数量较多。从内容方面来看，现存道经中数《赤松子中戒经》最早以劝善为专题行文。此书葛洪《抱朴子》曾录其名并有引述，学界多认为当出于汉魏，其时道教还处于形成阶段。

　　唐代著名道教徒、医学家孙思邈所作《福寿论》一文，劝人惜福重德，注重个人心性修炼，打下成就仙道的性功基础。全文重说理而少举条例，求人力而不望神力，颇中道家意旨，颇合知识分子的口味。

　　《太上感应篇》出现的时间不算最早，但自问世以后，由于得到历代统治者的大力提倡，文人墨客、宗工巨儒为之作序、作注、作赞、绘图者"纷起云集"，"乐善者复刷印以分贻朋好"。各方面都来推波助澜，几百年间，流行之广，社会影响之大，至明清时期，已"流布独广，至于家有其书"，达到家喻户晓的地步。因此该书被公认为道教善书之集大成者，其影响甚至波及到朝鲜、日本及其他一些东南亚国家。清代并有满文译本流传。后出之《文昌帝君阴骘文》、《关圣帝君觉世宝训》等亦曾受到过官方的重视，产生了重要影响，但均未达到《太上感应篇》的程度。

　　功过格在金元以后也是一种十分常见的劝善书形式。它到底是哪家的发明，现在还欠考辨。本书所收《太微仙君功过格》，从自序中看，作者可能就是功过格这种善书形式的始作俑者。功过格羼杂着道教信仰的内容，并且道藏中也收有一定数量的功过格，这说明中国封建社会后期道德说教的虚情矫饰之风也深刻地影响了道教。

劝善书

注译

由于功过格以记分赋值的形式评判人的各种言行，倒为我们了解传统道德评判标准的细节提供了非常难得的资料。这些评判标准至今仍在某种程度上存在于我们的生活中。

劝善书中有的还是专门宣传某一具体道德规范的，如本书所选《文帝孝经》就是专讲孝的。文章从各个方面来阐述孝的内容，虽然在讲儒家的教条，但也充满了道教的特色，如把"完厥惺惺体"，即贵身养生看成是立身之基、孝敬之首。以这种观点而论，"保炼中和气，真培金液形"，以期"超出浮尘世"的道教信仰也自然是符合人之大伦，是尽孝了。类似的情况还很多，读者只要留意察看，就不难发现。

道教劝善书因为"有功于辅教"，能辅助儒学进行伦理教化而受到历代封建朝廷的大力提倡，并为社会各阶层所喜闻乐见，收到了很好的效果。究其原因，首先是它们将儒家伦理、仙道学说甚至民俗信仰有机地融为一体。道教劝善书的基调就是，发挥其固有的承负思想，宣传善恶报应。报应赏罚的执行者就是民间广泛信仰也是道教供奉的各种神灵，上有天庭的司过之神，下有家家必在的灶神，人身必具的三尸神，这些无处不在的监察者，对一个普遍信仰它们的民族来说，的确有督促人"不履邪径，不欺暗室"的作用。其次是它的切实性。道教劝善书以损益现实利益的说教扬善止恶，较之佛教的三世报应说，对注重现世利益，希求福禄寿喜的中国老百姓来说，具有更大的威慑力量。如果你恣意妄为，就会"大则夺纪，小则夺算"，"算减则贫耗，多逢忧患，人皆恶之，刑祸随之，吉庆避之"，"死有余责，乃殃及子孙"；如果你"恂恂规矩，不敢放佚"，老老实实地做人，就会"天道佑之，福禄随之，众邪远之，神灵卫之，所作必成，神仙可冀"。最后，简易性也是道教劝善书曾经产生广泛影响的重要原因。世儒皆称道教劝善书"愚夫愚妇，易知易行"。南宋理学家真德秀在《太上感应篇序》中曾把这一点说得很清楚："以儒家言之，则《大学章句》、《小学字训》等书；以释氏言之，则所谓《金刚经注》者，凡三刻矣。然大小学可以诲学者而不可以语凡民；《金刚》秘密之旨又非有利根宿慧者不能悟而解也。顾此篇指陈善恶之报，明白痛切，可以扶正道，启发良心。故复捐金，赏镂之塾学，愿得者募以与之。庶几家传此方，人挟此剂，足以起迷俗之膏肓，非小补也。"道教劝善书，避开不着边际的大道理，罗列善事恶事的各种表现，具体到坐卧起居、衣食住行等日常生活的各个方面，经常温习之人，即使老妪童稚，头脑中也有一个孰是孰非的具体概念，其教化作用是可想而知的。

劝善书的主旨是演绎三纲五常的传统伦理原则，其内核是封建性质的，经过"五四"运动以来历次文化启蒙思潮和社会主义革命的洗礼，在当今我国意识形态中已经不再居于主导地位了。但是几十年时间过去了，我们或许还不能不承认这样的事实：传统道德仍然在调节老百姓的家庭关系、工作关系和社交关系中发挥着深远的影响。影响的情况有四种：一种是某些传统伦理规范形式虽然看起来被否定了，内容却留在部分人思想的深处，不时地在我们的社会政治生活中显现出来，比如"礼"这个规范已经被批判了几十年，人们不再提倡它了，但是文革中批判"克己复礼"最严厉的时期也是特权现象最严重的时期；一种是某些传统伦理规范的形式虽然保留了下来，而它们的内容却或多或少地发生了变化，比如"孝慈"这对规范至今仍然是中国人家庭关系的基本准则之一，但是"父为子隐，子为父隐"、"父在前，子不言"等旧内容已经不被公认，亲子之间的孝慈关系基本上变成一种平等的互爱互敬的关系；一种是某些普适性的社德形式和内容都基本没有什么变化，如"不偷盗"、"不奸淫"等；一种是从形式到内容都已基本被抛弃了的，如不可"唾流星，指虹霓，辄指三光，久视日月"等传统禁忌，现在知道者甚少，实行者几乎没有了。这几种情况的区别在本书所收七种善书中，每一种都存在。我们希望读者在阅读时要注意区别对待。总体来看，七种善书中所列善恶的具体表现至少形式上绝大部分在今天仍然是有效的。这些道德观念贯穿于我国数千年历史之中，并不完全是为统治阶级神道设教而存在的，它们主体上还是全社会的公德。本世纪以来，尤其是文革中间，我们对这些传统的道德观念否定得太过头了。今天我们在搞社会主义，要提倡以集体主义为基准的道德规范，

劝善书

注译

〇〇四

古老的道德准则在过去起到过调节个人与社会关系的作用，到今天仍然有可能在一定程度上和一定范围内用来为社会主义精神文明服务。

在为《太上感应篇》写的那一篇著名的序中，真德秀还提出如何看待道教劝善书中的有神论背景问题，他写道："至其言有涉于幻怪者，要皆为警愚觉迷而设，余未固暇深论。贤者察其用心而取其有补焉可也。"这种完全从实用角度出发的宗教观念，虽然明快却容易使人放弃进一步深入考察问题的努力。在这一点上，我宁愿回到马克思主义的先行者费尔巴哈《基督教的本质》一书提出的观察角度上去。他说，人类之区别于动物在于前者具有意识。人在深层意识中追求的是"理性、爱、意志力"的完美性，这便是人类的绝对本质。宗教就是人的这种绝对本质的对象化，也就是说，是"人将自己的理智本质即理性、意志、爱分裂出去的结果"。宗教崇拜的神，实际上就是作为类的人的各种美德的总和。这种说法对不熟悉哲学的人来说可能显得有点艰涩，费氏对基督教的观察作出的结论也许并不完全适于道教。不过他关于上帝（神灵）是人类美德的绝对化和人格化的认识是适用于道教劝善书中反映出来的神学思想的。实际上费氏的这种观察带有普遍性。诸子百家之前远古时代的道德观念是与有神信仰相联系的（广泛盛行的天帝信仰、卜筮方术和国家祭祀就是证明）。儒家兴起以后，总结了周代的道德学说，却把道德与宗教隔离开来（"敬鬼神而远之"）。道教劝善书则把二者活生生地再度嫁接起来。这一方面是因为道教较多地保留了远古中国宗教的成分；另一方面是因为传统中国知识阶层受儒学实用理性主义的教育，心灵倾向于否定超验世界的存在，而大部分平民阶层的心灵则容易对超自然事物开放，道教是民俗性极强的宗教，自然承担了向社会下层实施伦理教化的角色。

我们谈历史上道德宗教化的普遍性，并不是要为神秘主义伦理观张目，只为使读者理解这些劝善书的历史背景与合理性，给这些看似枯燥的伦理说教的阅读过程增加一些思考，丰富一些余味。是钦非钦，任读者评说。

本书是唐大潮与曾传辉二人合作的结果，除《导言》、《赤松子中诫经今译》、《福寿论今译》三篇而外，其他各篇均是唐大潮博士所注译。本书各篇注译之中，想必有不少错漏乖舛处，行家得见，如蒙指正，当不胜感激。

劝善书

注译

〇〇五

赤松子中诫经注译

[东汉] 佚 名 著

曾传辉 注译

赤松子中诫经[1]

轩辕黄帝稽首,问赤松子曰:"朕见万民,受生何不均匀,有富贵,有贫贱,有长命者,有短命者,或横罹枷禁,或久病缠身,或无病卒亡,或长寿有禄,如此不等,愿先生为朕辩之。"[2]赤松子曰:"生民茕茕,各载一星,有大有小,各主人形,延促衰盛,贫富死生。[3]为善者,善气覆之,福德随之,众邪去之,神灵卫之,人皆敬之,远其祸矣。[4]为恶之人,凶气覆之,灾祸随之,吉祥避之,恶星照之,人皆恶之,衰患之事,併集其身矣。[5]人之朝夕,行心用行,善恶所为,暗犯天地禁忌,谪谴罪累事非,一也。[6]人之朝夕为恶,人神司命,奏上星辰,夺其筹寿,天气去之,地气著之,故曰衰也。"[7]

黄帝像

赤松子中诫经

轩辕黄帝叩头行礼,问赤松子说:"朕见到众多百姓禀受的生命何等的不均匀!有的富贵,有的贫贱,有的命长,有的命短,有的突遭枷锁牢狱之灾,有的久病缠身,有的没有病却突然死亡,有的长寿且有福气,如此的不均等,请先生为朕辨明是何原因。"赤松子说:"众人孤孤单单,各人顶着一颗天上的星宿,星宿有大有小,分别主宰人的身体,决定其长短盛衰,贫富死生。做善事的人,善气包裹着他,福禄恩惠跟随着他,众多邪恶离开他,神灵卫护他,人们都尊敬他,他就远离了祸害。做恶事的人,凶气笼罩着他,灾祸跟随着他,祥和吉庆避开他,恶星高照着他,人们都厌恶他,衰败忧患之事一齐集中到他身上。人每天用心行事,做了邪恶的事,暗中触犯了天地禁忌,受到罪谪谴责的错事积累起来,不止一件。朝夕做恶事的人,人的司命之神回奏天上星辰,就会夺去他的寿数,天上的阳气离开他身边,地上的阴气附著到他身上,所以说他已衰老了。"

黄帝又问道:"人一生的寿命应当是多少岁?"赤松子回答说:"人从落地出生,上天赐给的寿命是四万三千八百天,总

劝善书

注译

黄帝又问曰:"人生寿命合得几许?"[8]对曰:"人生堕地,天赐其寿,四万三千八百日,都为一百二十岁,一年主一岁,故人受命皆合一百二十岁,为犯天地禁忌,夺算命终。"[9]又问:"或有胎中便夭[10],或得数岁而亡,此既未有施为,犯何禁忌?"赤松子对曰:"此乃祖宗之罪,遗殃及后。[11]自古英贤设教,留在《仙经》,皆劝人为善,知其诸恶,始乃万古传芳,子孙有福。[12]夫人生在天地之中,禀阴阳二气,皇天虽高,其应在下,后土虽卑,其应在上,天不言而四时行,地不言而万物生,人处其中,恣心情欲,凡人动息,天地皆知,故云天有四知也。[13]人不言报天地之恩,发言多怨天地,天生烝民,以乾坤表父母,日月表眼目,星辰表九窍,风动火力为煖气,寿命终时,总还归土。[14]天上三台、北辰、司命、司录差太一直符,常在人头上,察其有罪,夺其算寿:若夺一年,头上星无光,其人坎坷多事;夺算十年,星渐破缺,其人灾衰疾病;夺其算寿二十年,星光殒灭,其人困笃,或遭

共为一百二十岁,一年由一个岁星掌管,所以人禀受的寿命都应为一百二十岁,因为犯了天地的禁忌,被夺算纪,才会(提前)命终。"黄帝又问:"有的胎死母腹,有的孩子几岁就死,他们什么也没做过,犯了什么禁忌呢?"赤松子回答说:"这是祖宗的罪过,殃及子孙。自古以来的英哲贤人,在《仙经》中留下了教化,都劝人做善事,使人了解诸多恶行,这样才能万古流芳,子孙有福。人生在天地之中,禀承阴阳二气。皇天虽至高至尊,其作用却表现在地下;后土虽低卑,其作用的表现却在天上;天不说话,而四季照样运行;地不说话,而万物照样生长。人在其中,随心所欲,凡人的动静呼吸,天地皆知,所以说天有四知。人不说回报天地之恩,而说话埋怨天地。天生众民,用天地代表父母,用日月代表眼睛,用星辰代表人体九窍,风吹动火力为暖气,寿命终结时,全都归还大地。天上的三台、北辰、司录差使太一神君持符在头上,察到谁有罪,就夺他的算纪:如果夺算一年,头上的星辰就无光,这个人将会坎坷多事;如果夺算十年,星辰渐渐变得破缺,这个人将会遭灾衰败得疾病;如果夺算二十年,星陨落光消失,这个人病重垂危,或遭刑狱之灾;如果夺算三十年,星游移流散,这个人就

刑狱；夺其箅寿三十年，其星流散，其人则死；时去箅尽，不周天年，更殃后代子孙，子孙流殃不尽，以至灭门。[15]人不自知过犯，只言短寿。故天不欺物，示之以影，昼夜阴阳，雷电雨雪，虹霓交晕，日月薄蚀，彗孛飞流，天之信也；[16]地不欺物，示之以响应及生万物，江河流注及至枯涸，山崩地动，恶风揉木，飞沙走石，水涝虫蝗，饥荒天旱，瘴疬灾疫，地之信也。[17]鬼神不欺物，示之以祸福、怔异[18]、灾祥，是鬼神之信也。国主不欺物，示之天地和，星辰顺，灾殃灭，四方归，万姓安，人君之信也。[19]人之所行，发言用意，莫言天地如此，故圣人云："皇天无亲，

赤松子

会死去；如果时运离去，算纪终了，没活到自然的寿数，就会殃及后代子孙，子孙承传的祸害没完没了，就会遭灭门之灾。人不知道自己所犯的过失，只说自己寿短，所以上天不欺骗万物，用隐晦的方式显示自己的意图。昼夜阴阳，雷电雨雪，彩虹光晕，日月薄蚀，彗星流动等等，来昭示世人，这是上天的预兆。大地不欺骗万物，用回声响应及生长万物来显示自己的意图，江河流注又变得干涸，山崩地动，大风拔树，飞沙走石，水涝蝗虫，饥荒大旱，瘴疬灾疫等来醒示世人，这是大地的预兆。鬼神不欺骗万物，以祸福、怪异、灾祥等来警示世人，这是鬼神的预兆。国君不欺骗万物，以天地和谐，星辰顺遂，灾殃消灭，四方归附，百姓安定等来警示世人，这是人君的预兆。人的所作所为，言语用意，无不说天地如此如此，所以圣人说："上天没有亲疏，只有德行为辅助。"敬服天神的意旨，敬服道德高尚的人，敬服圣人的话。世俗人每天私下的言行，做的好事和坏事，天地都知道其情况。偷偷杀死动物性命，天神看得见其身形；心中的想法，口里的话语，鬼神听得见其声音；触犯禁忌达到百条，鬼收去他的精神；触犯禁忌达到千条，大地收捕其形体；每天行诸多恶事，柳

惟德是辅。'[20]畏天命，畏大人，畏圣人之言。凡人逐日私行，善恶之事，天地皆知其情。暗杀物命，神见其形；心口意语，鬼闻人声；犯禁满百，鬼收其精；犯禁满千，地录人形；日行诸恶，枷锁立成，此阴阳之报也。[21]皇天以诚议，故作违犯，则鬼神天地祸之也。[22]"

黄帝又问："神仙善恶之兆，见蒙福祐，更可为朕审而述之。"[23]赤松子对曰："修身制命，治性之法，清朝常行，吉气专心，记念善语善行善视。[24]一日之内，三业不生[25]，三年之内，天降福星，皆为福报也。如人清朝常行恶语、恶行、恶视，教人为恶，日造三年之内，祸患及身，亡财，减口，地加妖气，人必衰矣。[26]天之九丑是人间之九横[27]，夫善者恶之符，恶者善之信也。"

又云："善人者，恶人之师；恶人者，善人之资；吉者，凶之证；凶者，吉之余也。有善人常遇灾衰，多般祸患，先人之余殃也。故一生修善之人，不必择良时吉日，凡用使之时，自然得凶中之吉，百灵潜护[28]，神煞避矣。一生为恶之

锁立即修成，这就是阴阳的报应。上天已经警戒，而故意造作违犯，则鬼神天地就降灾祸。"

黄帝又问："神仙对于善恶的表现，人蒙受福气保佑，请再为我详细讲一讲。"赤松子回答说："制命修身，治理自然本性之法，清晨常去做，吉祥之气独占于心，心记口念善良的语言，作善良的事情，看善良的行为，一天之内，三种恶业不产生，三年之内，上天下降福星，都得到福气的报应。如果有人清晨经常说坏话，做恶事，看恶行，教导别人作恶，如果天天连续这样做，三年之内，灾祸疾病将涉及到自身，财产失去，家人死亡，土地连续出现不祥之气，这个人必定衰败。天上的九种异常现象就是地下的九种不测之灾。善是恶的符号，恶是善的征兆。"

赤松子又说："善人是恶人的老师，恶人是善人的借鉴；吉是凶的验证，凶是吉的多余。善人常遇到灾难和衰败，以及各种祸患，这是他的先人余留下来的灾殃。所以一生做善事的人，做事不必择良辰吉日，凡他行事的时辰，自然化凶得吉，各位神灵暗中保护，凶神恶煞逃避开去。一生作恶的人，就算选拣得良辰吉日，到行事之时，却会碰上吉中之凶，恶神会伤害他，福神会避开他。质朴的世人终日常修善行，自然上天给他添增

劝善书

人，纵拣得吉日良时，及至用日，却值吉中之凶，恶神害之，福神避矣。但世人终日常修善行，自然天增福寿，和气霞光，此乃形影之道也。[29]欲得不衰不耗，与天相保[30]，天地禁忌、得失、修身制命之道，今具言之。人为一善，神意安定；为十善，气为强盛；为二十善，身无患害；为三十善，所求遂意；为四十善，殷富娱乐；为五十善，子孙昌盛；为六十善，不遭误犯、恶人牵累；为七十善，所学显贵；为八十善，获地之利；为九十善，天神护之；为一百善，天赐其禄，逢遇圣贤；为二百善，扬名后世，子孙受禄；为三百善，三世子孙富贵利乐；为四

福神

福寿，气色调和，如同霞光，这就是形影相随的道理。要想得到不衰败不消耗，与上天相安定，天地的禁忌、人的得失、修身制命之道，现全都谈一下。人做一件善事，精神意志安定；做十件善事，气力强盛；做二十件善事，身上没有病害；做三十件善事，所求的都如己意；做四十件善事，殷实富足，欢娱快乐；做五十件善事，子孙昌盛；做六十件善事，不遭错犯、恶人牵累；做七十件善事，学业显赫高贵；做八十件善事，获得地势的好处；做九十件善事，天神保佑；做一百件善事，天赐予福禄，遇到圣贤；做二百件善事，扬名后世，子孙受禄；做三百件善事，三代子孙享受富贵、好处和快乐；做四百件善事，四代子孙富贵，升迁官职，加受俸禄；做五百件善事，五代子孙加封进爵；做六百件善事，后世子孙代代忠孝富贵；做七百件善事，后世子孙代代出贤人哲人；做八百件善事，出有道德之人；做九百件善事，出圣人；做一千件善事，列入仙班，质朴的事迹，优异的政绩，天庭都将记录，此生此世就增添寿数，增进爵位，登天成仙，福运播及子孙，后代贤人圣人辈出。

"如果人做一件恶事，心神不安定；做十件恶事，气力虚弱；做二十件恶事，疾病缠身；

劝善书

百善，四世子孙富贵迁禄；为五百善，五世子孙受封超爵；为六百善，世世子孙忠孝富贵；为七百善，世世出贤哲人；为八百善，出道德人；为九百善，出圣人；为一千善，出群仙，古迹善政，天道所录，见身加箓，进位登仙，福及子孙，生贤出圣也。[31]

"若人为一恶，意不安定；为十恶，气力虚羸；为二十恶，身多疾病；为三十恶，所求不遂；为四十恶，坎坷衰耗，凡事乖张；为五十恶，终无匹偶；为六十恶，绝灭子息；为七十恶，阴鬼谋害；为八十恶，水火为灾，非横烧溺；为九十恶，贫寒困弱，疮疥风颠；为一百恶，天气害之，横事牵引，刑法恶死；为二百恶，地气害之，盗贼为灾；为三百恶，世世出下贱人；为四百恶，世世子孙穷贱贫乞；为五百恶，子孙绝嗣；为六百恶，世世子孙盲聋瘖痖，出痴颠人；为七百恶，出五逆不孝犯法子孙；为八百恶，出叛臣逆子，诛灭亲族；为九百恶，出妖孽之人，夷灭族类；为一千恶，世世子孙异形变体，为禽兽不具之状，积恶之殃满

做三十件恶事，企求不能如意；做四十件恶事，坎坷不顺，衰败亏损，凡事乖张；做五十件恶事，终身没有配偶；做六十件恶事，灭绝子嗣；做七十件恶事，阴间鬼魂来谋害；做八十件恶事，会有火灾水灾，意外地烧死溺死；做九十件恶事，贫寒困厄，体弱多病，生疮长疥，患风癫病；做一百件恶事，恶劣天气侵害，意外事情牵累，受刑法制裁，凶险死亡；做二百件恶事，恶劣地气侵害，盗贼成灾；做三百件恶事，代代出下贱人；做四百件恶事，后世代代子孙贫贱乞讨；做五百件恶事，子孙灭绝；做六百件恶事，代代子孙成为瞎子、聋子、哑巴、傻子、疯子；做七百件恶事，就会生出忤逆不孝犯法的子孙；做八百件恶事，出叛臣逆子，诛连灭掉亲族；做九百件恶事，出妖孽之人，整个家族被灭掉；做一千件恶事，代代子孙身体奇形怪状，连禽兽的样子都不如，恶贯满盈，殃及数代。这就是司命之神夺算，命运星辰陨落，人身夭亡，神差鬼吏还要在酆都城中拷问，灾祸流及后世。"

黄帝又问道："司命减少人的寿命，世人都是犯了什么罪才招致的呢？"赤松子说："我认为世上之人，自己犯了罪、闯了祸，却说天道不平，有了冤屈自己不去分辨洗刷，对天发怒咒骂；受

盈，祸及数世矣。[32] 此为司命夺算，星落身亡，鬼拷酆都[33]，殃流后世。"

大司命

黄帝又问曰："司命夺人算寿，世人作何罪所招？"赤松子对曰："伏以世上之人，自犯悔咎，却言天道不平，有屈不自分雪，咒诅怒天；囚禁枷锁，怒天；饥贫疾病，怒天；寒暑霜雪，怒天；昼夜于短长，怒天。[34] 自为恶事，祈咒于天，逆四时，违五行，对三光裸体赤露，便利向三光星辰社庙之前，见日月薄蚀不救，贪自欢乐，不敬天地鬼神，不孝父母，呵骂风雨，毁拆圣人典教，破坏社庙，穿掘坟墓，取亡人财物，欺诈

到枷锁监禁，对天发怒；遇到饥饿贫穷疾病，对天发怒；严寒酷暑霜雪，对天发怒；昼夜时间长短，对天发怒。自己做下恶事，对天祈求诅咒，违背四季的规律，违背五行的运转，对日月星三光赤身裸体，向三光、星辰和在土地庙前大小便，看见日月出现薄蚀要有危难之事而不去拯救，只顾自己贪图享乐，不敬天地鬼神，不孝顺父母，呵斥咒骂风雨，毁坏圣人的制度教化，破坏神社圣庙，挖掘坟墓，偷死人的财物，欺骗聋哑人、盲人，盗窃黄金丝帛，拿污秽的东西泼向别人，房屋不法地向外扩展，用撕破的方法脱去身上的衣服，拿不干净的器物盛食物，诅咒不认识的人，在地下埋藏神符，妒贤嫉能，养各种毒虫来杀害生命，送不具署名的文书状子，诽谤损害正派人，窥探别人的隐私，堵塞道路，填埋水渠，偷窃别人的东西，扔掉治病用的药物，砍伐他人树木、禾苗庄稼、花果、园林，损害六畜，污秽井灶、宫观、庙宇，身着孝服唱歌作乐，放火烧山，破除他人产业，放干水塘池沼，捕捉水里的动物如鼋、鼍、龟、鱼，与人结交而违背盟誓，轻视怠慢神道，奸诈狡猾污蔑欺骗，口是心非，进谗言使他人相斗，畜意挑起诉讼，教人打官司加重控告，裸露着身体面对他人，披散着头

赤松子中诫经

劝善书

注译

○○九

劝善书

注译

○○一

盲聋瘖痖之人，窃盗金帛，将秽污泼他人，屋舍安外，破除衣服，以不净器物盛诸饮食，厌咒生人，埋符地下，妒贤嫉能，养诸蛊毒，杀害物命，遗无头文状，逸损平人，发觉他人私事，闭塞道路，填筑沟渠，偷他人物，抛弃用药，斫伐他人树木、苗稼、花果、园林，损害六畜，秽污井灶、宫观、庙宇，自身孝服，唱歌作乐，放火烧山，破除他人产业，涸绝池沼捕采水族鼋鼍龟鱼，与人结交，违背盟誓，轻慢神道，奸诈诬罔，口是心非，恶言谗斗，僻要诤讼，教人官事重告，裸露对人，披发饮食，损善益恶，润己侵人，酷信邪师，教人非法，攻杀无罪，执正为非，恃势邪巧，入轻为重，春行杀伐，夏诛诸命，秋则见恶不改，冬则开掘地藏，离他人骨肉，好杀恶生，自重轻人，欺孤凌寡，败他成己，危他取安，借贷不还，誉己毁彼，和恶逐势，卖弄他权，阴毒面慈，见杀如怒，知过不改，见善不从，背亲向疏，慢高傲下，不受父母、师友教诲，妻妾谗斗，取小下言语，轻弃骨肉，施恩却悔，乐短他人穷，憎

发吃喝，损害善事助长恶事，使自身获益而损害他人利益，特别相信邪恶的教化，教人不守法，攻击杀害无罪的人，执伪证认是为非，凭借势力巧取，分量不足而伪冒充足，春天进行杀戮征伐，夏天诛杀各种生命，秋天发现恶事而不悔改，冬天挖掘埋藏于地下的东西，离间他人骨肉，喜欢杀戮，憎恶生养，看重自己，轻视别人，欺负孤儿，凌侮寡妇，败坏他人之事成全自己，置他人于危险之中而使自己安全，借贷不还，赞美自己，毁谤他人，与恶人恶事掺和而趋附权势，卖弄别人的权势，内心阴冷狠毒却表面仁慈，看见杀戮的事情而助威势，知过不改，见善不从，背离亲人而亲近外人，对上怠慢而对下高傲，不接受父母、师友的教诲，传妻妾之间的坏话而使之明争暗斗，听取小人卑下的言语，轻率地抛弃至亲骨肉，施恩于人却又后悔，喜欢揭露他人的窘困之处，贪婪地窥探他人隐私，调戏奸淫他人妻妾，不合情理地做事，抢夺别人恩爱之人，窃取他人所做善事说成是自己所做，因为犯了重罪而牵连无辜的人为自己担保，轻视慢待上下左右之人，不管高低贵贱，借酒凌辱别人，使用东西不当，随便抛弃饮食，轻视衣服，过分追求物欲，甚至不避危险死亡，得新忘旧，舍本

窥他密事，调谑奸他妻妾，非道而行，夺人恩爱，窃他善事，自言己有，以重罪牵引平人保证，轻慢上下，不择尊卑，恃酒凌物，用物不当，抛弃饮食，轻贱衣服，非分求觅，不避危亡，得新忘故，弃本逐末，知恩不报，欺诳谩人。[35]

《太上宝筏图说》中的"刚强不仁"图

"右所书过犯，八百余件，略而言之，不可具载，但世人有所犯，皆犯本照。[36]星辰奏闻上帝，七星、六律、四时、八风、九宫、五行，先令司命夺算，今人短寿，令诸殃祸延及子孙。"[37]

黄帝又问曰："人犯天地禁忌夺算，有数人之罪，如何？"赤松子曰："人为天地之

逐末，知恩不报，欺骗蒙蔽他人。

"上边写下的过失，有八百多件，只能大致叙述一下，不可一一罗列，但世人有所犯都会触犯以上各条或其参照条。星辰向上奏闻天上尊神，七星、六律、四时、八风、九宫、五行先令司命神减损寿数，使人命短，并使各种祸害殃及子孙。"

黄帝又问道："人犯天地的禁忌要夺去寿数，有几个人的罪加在一身，该怎么办呢？"赤松子说："人为天地的根本，应当做善事。屈服于因缘的世人，外貌温柔和顺，内心暗藏妒忌，触犯禁忌，罪过积累起来已不是一件，被司命神一一记下，回奏上天。世人中应受刑罚处死的，或是应在两军对峙的阵地上战死的，一是自身有前世冤仇，二是五蕴交互作用，太一天神讨伐他，气数正逢迁移的时候，命运该受湮灭的灾殃。"

黄帝又问赤松子说："我听先生所说，世人违背触犯天意，坐卧不宁，罪过能解脱吗？"赤松子回答说："罪过有能解脱的，有不能解脱的。世人偶尔做一件错事，心中能悔过，罪就可以解脱。如果听到劝说而不相信，知道错误而不改正，做的恶事反而变多，内心狠毒且炎势甚盛，这样罪就不能解脱了。"

赤松子说："人行善道，天

劝善书

注译

○一二

本,当为善。伏缘世人[38],外貌和柔,内怀阴妒,触犯禁忌,罪累非一,被司命一一录奏。应是世人遭刑杀者,或两军相持阵场死者,一为自身有犯宿业相雠,二为五运相交,太一伐之,数值迁移之历,运合受磨灭之灾殃。"[39]

黄帝又问赤松子曰:"朕闻先生所说,世人违犯,卧不安席,罪可解乎?"对曰:"罪有可解者,有不可解者。世人偶行非道,心能悔过,是可解也。若闻不信,知过不改,为恶转多,心毒炽盛[40],不可解也。"

赤松子曰:"人行善道,天地鬼神赐福,助之增延寿考[41],无诸恶事,何以不为善道?但世人尊敬天地、三光,不犯禁忌,孝爱父母,和顺兄弟,怜愍孤独,救接贫病,敬重师长、古来圣贤、乡里老人,教示不违,卑谦恭敬,每遇风雨寒热、恶星恠异、日月交晕,亏犯薄蚀,皆宜念善,敬远鬼神,祭祀天地,上录其功,增延禄筭。[42]见人为恶,劝人修善,若遇善人,敬而从之。或见凶危,将心救护,自就艰难,与人平稳,将己

地鬼神赐予福气,帮助延长生命使之高寿,不遇到各种恶事。为什么不行善道呢?但世人尊敬天地、三光,不犯任何禁忌,孝顺爱戴父母,与弟兄姊妹和顺相处,同情那些孤苦零丁的人,救助接济贫病者,敬重师长、古来圣贤和乡里老人,不违背他们的教示,谦卑恭敬,每逢风雨寒热、凶星怪异、日晕月晕、日蚀月蚀,心里都想着善,敬重而远离鬼神,祭祀天地,上天记录其功,增加他的福禄,延长他的寿命。看见别人做恶事,劝人要修善,若遇到善人,就敬而从之。遇到凶险危难之事,诚心去救护。艰难困苦留给自己,安全方便让与他人;繁重的事留给自己,轻便的事让与他人。劝人不要为了打官司而过费口舌,相互控告。修葺公用的水井,理顺沟渠,填平道路,不因小善事而不去做大善事,也不因大善事而不去做小善事。见人有所失误,为他悲痛之至;见人有所收获,为他发自内心地高兴。扶持爱护弱者,施恩惠救助孤贫,恭敬谦逊,让利禄给他人,上天记下中等功德,也增加长久的寿数,使子孙获福。如果有坚定不二的信念,心中崇尚道德,不避危险,在江河湖海中勇救溺水的人,不近妻子以外的女色,不侵害他人的房屋产业,不没有道理地伤害生命,爱好生养憎恶

轻事,替人重役。[43]劝人不为官事口舌争讼。[44]葺理义井沟渠[45],修填道路,不以小失其大,不以大弃其小。见人有所失,为其痛切;见人有所得,为之内喜。[46]扶羸护弱,施恩济惠孤贫,恭谨卑逊,让禄他人,天录中功,亦增遐寿,子孙获福。[47]如有志信不违,心崇道德,不避危险,救溺江湖,无淫外色,不侵他人屋宅产业,不非理损害物命,好生恶杀,礼敬不亏,常习经书,恩不忘报,惠人不悔,宽怀忍辱,尽忠尽孝,不逞威仪,不枉用财物,不爱华丽之服修,馔食不非分杀命。[48]自我作古人,无不亲,无自贤,无自善,无自解,无自富,无自矜,无自专,无自誉,无自重,无自尊,无自大,无自用,无自可,大录下功皆增筭寿。[49]又加筭倍多者,人能事君尽忠,事父尽孝,不傲慢,敬师长,开悟童蒙,光赞师傅,修身谦让,和睦上下,抚爱均平,不听谗邪,直心用行。[50]妇人孝顺翁婆,敬顺夫婿,清贞洁行,饮气吞声,条省晨昏,和颜悦色,无私奉上,并蒙加筭延寿增禄,灾横消除,男女聪慧。[51]

杀戮,礼仪恭敬没有欠缺,常读经书,受恩不忘回报,施予别人恩惠不后悔,胸怀宽大,忍辱负重,尽忠尽孝,不炫耀威仪,不白费财物,不喜欢华丽的服饰,安排饮食时不过分杀生。自己要求自己做一个古道热肠的人,无不亲善他人,不自认为是贤人,不自认为是善人,不为自己作辩解,不自以为富有,不自傲,不独断独行,不称誉自己,不自以为很重要,不过分自尊,不自高自大,不凭自己主观意图行事,不要为自己开脱,全面记录下级功德,都可增算添寿。又加算成倍增多的人,事奉君主尽忠,事奉父母亲尽孝,不傲慢,尊敬师长,启发开悟幼稚无知的孩童,荣耀赞美师傅长辈,修身养性,做事谦让,与上下级和睦相处,抚爱平均,不听馋言邪语,行事心地正直。妇人孝顺公婆,敬顺夫婿,行为操守纯洁,忍气吞声,晨昏反省,和颜悦色,无私事奉长辈,也会承蒙加算延寿,增添福禄,不测灾祸消除,生男育女聪慧。有损寿减福的人,臣杀君,子杀父,事奉老师却背叛老师,学业有成而忘记老师,逆乱无礼,不识亲疏,任意放纵自己。妇人背叛父母,不孝顺公婆,轻视夫婿,说人坏话,争斗扰乱六亲,偷拿东西,好吃懒做,近邻结仇,都会夺去福寿,恶病缠身,活着时遭

劝善书

注译

〇一二

劝善书

注译

人有折寿薄福者，臣弑君，子杀父，事师违背，业成忘师，悖乱无礼[52]，不识亲疎，逞恣自我。妇人违背父母，不孝翁婆，轻贱夫壻，口舌诽谤，斗乱六亲，盗窃噬慵，比邻为恶，皆夺福寿，恶病缠身，生遭人憎，死坠地狱。"[53]

《太上宝筏图说》中的"背亲向疏"图

黄帝又问曰："更有人间至妙之道，可得闻乎？"赤松子曰："夫人修持善恶，自起于心。心是五贼之苗，万恶之根。夫人之心，拟行善，善虽未成而善神已应矣；心起恶，恶虽未萌，凶神已知。[54]故君子千日行善，善由未足[55]，片时造恶，恶便有余。至如僣夺吞并[56]，亦起于心，有得有失，会

人憎，死后下地狱。"

黄帝又问道："还有人间最妙的道理，能听先生讲一讲吗？"赤松子说："人修行善恶，自然起于内心。心是五贼的禾苗、万恶的根本，人的心中准备做善事，善事虽还未完成而善神已经感应；心中起恶念，恶行虽还未发生，凶神已经知道。所以君子千日行善，善还未能修足，片刻作恶，罪恶便有余。至于超越本分夺取吞并，也是始于内心；有得有失，一定在天道。又有起心思害人，未必就能得手，于是产生生死、沉浮，也全由命运决定。经上说：上天有五行相生相克的作用，认识到的人昌盛，失掉的人灭亡；教化效法五德，遵循的人昌盛，背弃的人灭亡。遵循五德，就要做到温良恭俭让、仁义礼智信，背弃的人就会犯恶逆、贪妒、杀凶、暴乱、欺诳、诈佞。世人多做五背，心中常有九种念头：看到他人荣耀显贵，就说他往日失魂落魄的窘相，发愿希望人家遭流放贬黜；看到他人豪贵富有，就笑他往日的贫穷，希望人家家破财散；看到他人钱财丰盈，就发愿希望让别人去劫掠抢夺；看到他人妻妾美丽，就想做奸淫非礼之事；看到他人屋宅宏伟，就发愿准备焚烧；拖欠他人债务，就发愿债主身亡；借贷他人财物不成，就发愿懊恼怨恨人家；见到

在天道。又有起心害人，未必便得，乃其死生枯荣，亦由运也。经云：‘天有五贼，见之者昌，失之者亡；教法五德，行之者昌，背之者亡。行之为温良恭俭让、仁义礼智信，背之为恶逆、贪妒、杀凶、暴乱、欺诳、诈佞。’[57]世人多行五背，心常九念：见他人家荣贵，说他往日风尘，起心愿他流贬；见人富贵，笑他往日贫穷，愿他破散；见他财帛丰盈，起心教人劫夺；见他妻妾美丽，起心欲作奸非；见他屋宅宏壮，起心欲拟焚烧；欠他债负，起心愿债主身亡；借贷他人财物不得，起心懊恼恨多；见他偶有危难，说他往日之非；自生身父母，早愿亡殁，要财物屋宅，此是愚人九念，是以天地鬼神恶之，赐其殃祸，夺其筭寿也。[58]心行五德之人，常怀九思：见他荣贵，自思福业缘薄；见他谷米盈仓，自思不勤力管种；见他金玉资财，自思非我所有之物；见他美色妻妾，自思匹偶，不生乱心；见他屋宅宏壮，自思弊陋，且安；见他旧曾于己不足，遭官府，起救接之心；欠他债负，目下未有还填，长

他人偶然有危难的事情，就说他以前的不是；即使是亲生父母，也希望他们早早死掉，好继承财物和屋宅。这就是愚人的九种念头，所以天地鬼神憎恶他，赐予他灾殃祸患，夺去他的寿数。心中遵循五德的人常怀有九种心思：看到他人荣耀显贵，想到自己福业缘分浅薄；看到他人谷米满仓，想到自己没有尽力经管、勤劳耕种；看到他人黄金美玉资财，想到这些不是我的东西；看到他人美貌妻妾，想到家中的妻子，不生非分之心；看到他人屋宅宏伟，想到自家的弊屋陋室，而且心中安宁；看到他人过去虽曾对不起自己，现遭官司，仍动接济之心；拖欠他人的债务，目前没有偿还的能力，常常想着要努力偿还；有时想向他人借贷财物，想到自己旧日对人没有恩惠；看到他人事奉君主，供养双亲，常常想到自己没有对君主、父母辛勤报答。世人能终日实行这九思，舍弃前面的九念，就会成为上等的聪慧豁达的人，在现世获得福佑，福及子孙，意外的灾祸却降不到他身上。”

黄帝又问先生说："智者分为哪几等？"赤松子回答说："有三等，都是仁爱的人。上等的智者通晓天文，明察地理，不用学就明白，不用教就理解，暗记而不忘，能辨别音律，鉴别贤

劝善书

注译

思忧负勤偿之；或欲借贷他人财物，自思旧无恩力；见他事养君亲，常思无辛勤酬答。[59] 世人能终日行此九思，弃前九念，为上智明慧人也，见世获于福祐，庆流子孙，横祸非灾不可及也。"

《太上宝筏图说》中的"众善奉行"图

黄帝又问先生曰："智人何等次之[60]？"对曰："有三等，皆为仁者之人。上智者明天文，察地理，不学自晓，不教自解，默而识之，辩音律，鉴贤愚，心兹愍，不轻人，识成败，知进退，别存亡，此人虽贫而终富，暂卑而终高，此上智人也。[61]中智者通会经书，常存礼敬，见贤思齐，扶危救弱，惠施不悔，忠孝不亏，言不伤物，

人和愚人，心地慈悲怜悯，不轻视别人，懂得成功失败的契机，知道进退，区别存亡。这种人即便贫穷，最终也会富有；即使暂时卑微，最终也会高贵，这就是上等的智者。中等的智者，对经书融会贯通，常保持恭敬的礼仪，见贤思齐，扶危救弱，施予恩惠不后悔，忠孝大义上不欠缺，言语不伤害人，温顺谦卑。这种人不用学，最终也会觉悟，即便没显贵，最终也会通达，这就是中等的智者。下等的智者，改掉以往的过失，好好修持未来，听到（自己不会的）学业就想学习，深信善恶报应之事，不侵犯他人的财物，保护性命，爱惜身体，懂道理，通文法，自己能力强却能体恤能力差的人，自然就会害怕灾变衰败。这样小心谨慎没有过失，不会遭意外的灾祸，这就是下等的智者。"黄帝说："善哉！善哉！这些话对立功立德（的指导意义）不可估量。谨依赤松子所说，记录下来，以宣示众人，以引渡众生。"群臣叩头退下，依照教化奉行。

卑逊温谦，此未学而终悟，虽未显而终达，此中智人也。[62]下智者修善人也，改往修来，就业而思学，笃信善恶之事，不侵他人财物，保命惜身，会道理，识文法，自能好弱，自怕灾衰，如此兢兢而无过失，不遭横祸，此下智人也。"[63]黄帝言曰："善哉！善哉！此言不可数于功德。谨依所说，录示众人，作大津梁。"[64]诸群臣稽首而退，依教奉行。

注释：

[1]《赤松子中诫经》：原经一卷，收入《道藏》洞真部戒律类。撰人不详。葛洪《抱朴子内篇·微旨》所引《赤松子经》，当即此书。有人据此认为该经出于魏晋时期，然从其假托黄帝、赤松子及所称太一等神名来看，似出于汉代黄老道派。其平易直白的文风也与魏晋骈丽之风不伦，亦表明此经早出于魏晋。以此观之，此经实为现存最早的道教劝善专书。

经文假托黄帝与赤松子对答，讨论祸福报应这一劝善书的共同主题。本经在报应思想方面，与《太平经》承负说相一致。由于是专门的劝善经书，它用了主要篇幅枚举善恶的各种表现行为及其奖惩报应效果，为教徒厘定了一份详尽的"善恶奖惩条例"。尤其值得注意的是，本经较早地明确认识到修心炼性在养成善果方面的重要性："夫人修持善恶，自起于心。心是五贼之苗，万恶之根。夫人之心，拟行善，善虽未成而善神已应矣；

心起恶，恶虽未萌，凶神已知。"这不能不称为后世道教心性之学和儒家陆王心学之先声。

赤松子：道教神仙。据《列仙传》，为神农时雨师。精通服食、房中、入火、升腾等方术。此传说与本经似有不同。赤松子的信仰在汉代已非常流行，《史记》有张良从赤松子游的记载。葛洪《神仙传》载赤松子为放牛娃皇初平修炼而成道于金华石室中。又据考证，后世南方数省黄大仙的信仰也与此有关。其中演变的历史线索还有待于进一步的研究。此经托赤松子而为言，亦说明赤松子信仰在民众中间影响之大。

[2]稽首：古时的一种跪拜礼。叩头到地，是九拜中最恭敬者。有二说：《周礼·春官·大祝》："辨九 (拜)，一曰稽首，二曰顿首……"贾公彦疏："稽首， 中最重，臣 君之 。"

罹：遭遇不幸的事。枷禁：戴上枷锁被监察。枷，旧时一种套在脖子上的刑具。

禄：福气。

辩：通"辨"。辨明，辨别。

[3]生民：人。茕茕：即茕茕，孤孤单单的样子。载：通戴，头顶着。

[4]德：恩惠。

神灵：神明。《史记·封禅书》："神灵之休，佑福兆祥。"

[5]吉祥：亦作"吉羊"。《庄子·人间世》："虚室生白，吉祥止止。"成玄英疏："吉者，祥善之事；祥者，善庆之征。"

恶：厌恶。

併：同"并"。

[6]暗：不显露。

劝善书

注译

〇一八

谪谴:责罚谴责。

[7]人神司命:人的司命神,为星宿神灵,属虚宿。《宋史·天文志》:"司命二星,在虚北。"

[8]合:应当。

几许:多少。

[9]堕地:即落地出生。

都:总共。

[10]夭:短命,早死。

[11]遗殃:流传下来的祸害。这种思想与《太平经》记载的承负论是完全一致的。

[12]设教:设施教化。《易·观》:"圣人以神道设教而天下服矣。"

《仙经》:《神仙传》多所称引,今已无传。此经也提到,可见此书是两汉之间广泛流传的道教经书。

芳:美好的名声。

[13]皇天:天。旧时常与"后土"并用,合称天地。《左传·僖公十五年》:"君履后土而戴皇天,皇天后土,实闻君之言。"

卑:低下。

四时:春、夏、秋、冬四季。

恣:放纵,听任。

四知:具体内容各书所说不完全一致。一般指天知、神知、你知、我知。典出《后汉书·杨震传》。东汉杨震为东莱太守,道经昌邑,县令王密求见。至晚,以十金送给杨震说:"暮夜无知者。"杨震说:"天知、神知、我知、你知,何谓无知?"四知之说遂沿袭下来,意指恶行不可掩藏。

[14]烝民:众民。《书·益稷》:"烝民乃粒,万邦作乂。"

乾坤:天地。《易·说卦》:"乾,天也,故称乎父;坤,地也,故称乎母。"

九窍:中医学名词。九孔。《周礼·天官·疾医》:"两之以九窍之变。"注:"阳窍七,阴窍二。"阳窍七,指眼、耳、鼻、口;阴窍二,指大小便处。

煖:通"暖"。

总:全。

[15]三台:星名。谓上台、中台、下台共六星,两两相对,起文昌,列抵太微。也作三阶,又称泰阶。见《晋书·天文志》上。

北辰:北极星。《尔雅·释天》:"北极谓之北辰。"

司录:即司禄,星名。文昌宫第六星。《史记·天官书》:"文昌宫……六曰司禄。"

差:差使。

太一:方仙道与黄老道的最高天神。《史记·封禅书》:"天神贵者太一,太一佐曰五帝。"张角太平道崇奉"中黄太一"。梁陶弘景《真灵位业图》的第一神阶之右位,列"玉天太一君"、"太一玉君","太一中黄"则降至第四神阶。太一天神之职能是"摄御百神","拘制三阳帝君","内安精气,外攘灾殃,却除死籍,延命永长",等等。

直符:亦书作"值符",又名"符"、"值星"。指当值的星符。

坎坷:不得志,不顺利。

殒:通"陨",堕落。

困笃:病重垂危。

流散:游移散开。

不周:这里是没到的意思。天年:谓人的自然的年寿。更:再。

流:这里是衍播、牵连的意思。

[16]欺物:欺骗万物。

影:隐晦现出。

虹霓:又作虹蜺。相传虹有雌雄

之别，色鲜盛者为雄，色暗淡者为雌；雄曰虹，雌曰霓，合称虹霓。《尔雅·释天》："螮蝀，虹也。霓为挈贰。"疏："〈音义〉云：'虹双出，色鲜盛者为雄，雄曰虹。暗者为雌，雌曰霓。'"晕：光泽四围模糊的部分。这里作动词用。

日月薄蚀：日月相掩食。《吕氏春秋·明理》："其月存薄蚀。"注："薄，迫也，日月激会相掩，名为薄食。"

彗孛飞流：彗星在宇宙间飞散流动。彗，彗星，俗称扫帚星。

[17]响应：回声相应。

涸：干枯。

摬："拔"的异体字。

水涝：水淹。

瘴疠：山林温热地区流行的恶性疟疾等传染病。

[18]恠：同"怪"。

[19]国主：即国君。

归：归附。

万姓：犹百姓。

[20]辅：辅佐皇帝的大臣，常指宰相。

[21]畏：敬服。天命：古代把天当作神，称天神的意志为天命。

大人：道德高尚的人。

逐日：按日，一天一天，天天。私：不公道。

录：逮捕。

[22]诫议：警诫评论是非。

[23]兆：见于形状，表现。

祐：保佑，指天、神等的佑助。

审：详细。

[24]制命：这里是指修炼性命。

清朝：清晨。

[25]三业：佛家语。业，梵语"羯磨"的意译。三业说法很多，基本上称人的

身、口、意者为三业，见唐玄奘《成唯识论》一。这些业又分为善、不善、非善非不善三种。佛教认为业发生后不会消除，它将引起善恶等报应，这是佛教"善恶因果"说的依据。

[26]造：比连。

妖气：不祥之气。多指凶灾，祸乱。减口：减少人口。

[27]九丑：九种异常现象，具体内容不详。九横：九种不测之祸，具体内容不详。

[28]潜护：暗中保护。

[29]但：笨拙。引申为质朴。

和气霞光：内气调和，外表像霞光一样艳丽并有生气。

[30]保：安。《孟子·梁惠王上》："保民而王，莫之能御也。"赵岐注："保，安也。"

[31]迁禄：升官加薪。迁，古时调动官职叫迁，一般指升职。

超爵：这里是加封进爵的意思。

古迹：不俗的事迹。古，质朴，不俗。善政：优异的政绩。

见身：即现生，此生此世。

[32]羸：弱。

乖张：不顺。

子息：犹言子嗣。

疥：一种皮肤病。

瘖痖：哑口不言。瘖，哑。痖，同"哑"。

五逆：即忤逆。不孝顺。五，当为"忤"的假字。

夷：诛除，削平。

[33]酆都：传说以为冥司所在。方象瑛《使蜀日记》："酆都县城倚平都山，道书七十二福地之一……不知何时创森罗殿，因附会为阎君洞，以

劝善书

注译

为即地狱之酆都，远近祷祀求福发。"

[34]伏：敬辞，如：伏闻。

悔咎：灾祸，罪。悔，咎。

分雪：分辨洗刷。

[35]五行：指金、木、水、火、土五种物质。这是中国古代流行的"五行说"。

三光：日、月、星。又以日、月、五星合称三光。

便利：大小便。

社庙：土地庙。

呵：呵斥。

典教：制度教化。

妄：非分，越轨。《左传·哀公二十五年》："彼好专利而妄。"注："妄，不法。"

蛊毒：毒害。《左传·昭公元年》："何谓蛊。"唐孔颖达疏："以毒药药人，令人不知者，今律谓之蛊毒。"

遗无头文状：送不具署名的文状。无头，不具署名。

馋损：说人坏话，损害别人。

平人：正派人。

发觉：谓所谋被发现、察觉。这里是特意去察觉的意思。

斫：砍，斩。

苗稼：禾苗庄稼。

六畜：指马、牛、羊、猪、狗、鸡六种家畜。

水族：统称生活在水中的动物。

鼋：亦称"绿团鱼"，鳖科。生活于河中。鼍：亦称"扬子鳄"，俗称"猪婆龙"。鼍科。生活池沼底部，冬天居穴中。

轻慢：轻视慢待。

诬罔：虚构事实以污蔑人或欺骗人。

僻要：畜意挑起。僻，不正。要，通"邀"，挑起。净讼：即争讼。诉讼，打官司。

宦事：疑即"官司"。重告：加重告发。

润己：使自身沾益而有光荣。

酷：特别，程度很深。

邪巧：不正当地巧取。

地藏：埋藏于地下的东西。

短：揭短。

憖：同"焚"。

调谑：调戏。谑，开玩笑。

谩：欺骗，蒙蔽。

[36]右：这里的右是按古代文字书写时的顺序而来的，右边在先，实是指前面所说。

本照：本条和参照各条，指以上各条和情形相似的各条。

[37]上帝：天帝，天神。

七星：星宿名。南方朱鸟七宿中第四宿的七星。《礼记·月令》："季春之月，日在胃，昏七星中。"一说指北斗星。六律：律为定音器。相传黄帝时伶伦截竹为管，以管的长短，分别声音的高低清浊，乐器的音调都以它为准则。乐律有十二，阴阳各六，阳为律，阴为吕。六律即黄钟、太簇、姑洗、蕤宾、夷则、无射。八风：八方之风。说法不一。《吕氏春秋·有始》："东北，炎风；东，滔风；东南，熏风；南，巨风；西南，凄风；西，飂风；西北，厉风；北，寒风。"《淮南子·地形》："东北，炎风；东，条风；东南，景风；南，巨风；西南，凉风；西，飂风；西北，丽风，北，寒风。"等等。九宫：东汉以前易家之说。以离、艮、兑、乾、巽、震、坤、坎之宫，加上中央，合为九宫。

[38]伏缘：屈服于因缘。伏，通"服"。

[39]阵场：阵地，战场。

宿业相雠：前世冤仇。宿业，佛教

名词。佛教相信众生有三世因果，认为过去世所作的善恶业因，可以产生今生的苦乐果报，故名。雠，同"仇"。

五运：按上下文，当为"五蕴"。佛教名词。"蕴"是梵文Skandha的意译，是"集（合）聚（积）"的意思。佛教认为，人身并无一个自我实体，只是下列五种东西集合而成：①色蕴，指组成身体的物质；②受蕴，指随感官生起的喜乐忧苦等情感；③想蕴，指意象作用；④行蕴，指意志活动；⑤识蕴，指意识。

数：气数，即命运。值：逢。

磨灭：亦作"摩灭"。消失，湮灭。

[40]炽：引申为势盛。

[41]寿考：犹言高寿。《朱熹集传》："文王九十七而终，故言寿考。"

[42]愍：哀怜。

接：接济。

日月交晕：交相出现日晕、月晕。古人认为出现日晕、月晕为不吉利的事。日晕：《史记·天官书》："两军相当，日晕。""平城之围，月晕参、毕七重。"

[43]将心：即诚心的意思。

就：靠近。句中引申为把……留给……

[44]口舌：指因言语而引起的误会或纠纷。

[45]葺：修补。理：疏通。义井：供人公用的井。

[46]痛切：悲痛之至。

内：引申为发自内心的意思。

[47]卑逊：小心谦逊。

遐寿：长久之寿。

[48]溺：溺水者。

逞：炫耀。

枉：白白地。

馔食：安排食物。

[49]自我：从我开始，不管外在条件怎样。古人：古道热肠之人，指对人热情帮助、慷慨无私的人。

自解：自作辩解。《汉书·项籍传》："（张）良与（项伯）俱见沛公，因伯自解于羽。"注："自解，犹今言分疏也。"

自矜：犹自夸。《老子》："自伐者无功，自矜者不长。"

自专：按照自己的意图独断独行。《礼记·中庸》："愚而好自用，贱而好自专。"

自尊：自重，自加尊号。

自大：自负，自以为了不起，自高自大。

自用：只凭自己的主观意图行事，不虚心向人求教。

[50]开悟童蒙：启发幼稚未开知的儿童。开，开发。悟，觉悟。童蒙，童幼无知，愚蒙。《易·蒙》："匪我求童蒙，童蒙求我。"孔颖达正义："蒙，微昧暗弱之名。"

光赞：荣耀赞美。

[51]壻：同"婿"。

飲：忍。

朵：同叁。男女：指儿女。

[52]悖乱：惑乱。《荀子·性恶》："无礼仪，则悖乱而不治。"

[53]斗乱：争斗扰乱。六亲：六种亲属，说法不一。《新书·六术》以父、昆弟、从父昆弟、从祖昆弟、曾祖昆弟、族昆弟为六亲。《汉书·贾谊传》注以父、母、兄、弟、妻、子为六亲。等等。

饕："馋"的异体字。慵：懒。

地狱：古印度说人在生前做了坏事，死后要堕入地狱，受种种苦。佛教也采用此说。

比邻：近邻。

[54]拟：准备，打算。应：感应。

萌：开始发生。

[55]由："犹"之假字，还，尚。

[56]僭：超越本分。

[57]五贼：五行的另一种说法。古人用五行说明万物的生成转化，认为五行之间有一种相克相利的关系。五贼就是指这样一种关系。"天有五贼，见之者昌"句，亦见于《黄帝阴符经》。

五德：物类的五种美德。儒家以温、良、恭、俭、让为修身五德。《孙子兵法·计篇》以智、信、仁、勇、严为将之五德。

恶逆：古代刑律十恶大罪之一。指殴打及谋杀祖父母、父母，杀死伯叔父母、姑、兄、姊、外祖父母、夫、夫之祖父母、父母的人。见《唐律疏议》。

[58]五背：指与五德相反的品行。

风尘：原指行旅艰难，这里指失意、落魄处境。

奸非：奸诈邪恶的行为。这里指非礼之事。

负：拖欠。

自：即使。

[59]管：经管。

弊陋：弊屋陋室。

不足：这里引申为对不起。

遭官府：即遭官司。

目下：目前、近来之意。填：填补，这里即为还钱的意思。

力：功劳。《国语·晋语五》："子之力夫也。"韦昭注："力，功也。"引申为对人有恩。

君亲：国君和父母亲。

[60]次：等第，次第。这里作动词用。

[61]天文：日月星辰等天体在宇宙间分布运行等现象。古人把风、云、雨、露、霜、雪等地文现象也列入天文范围。

地理：山川土地环境形势。

默而识之：出自《论语·述而》："默而识之，学而不厌，诲人不倦，何有于我哉？"意思是暗记而不忘。后常以"默识"简书。识，通"志"。

[62]通会：融会贯通。

见贤思齐：看到比自己贤能的人就想能看到自己的不足，自动向他看齐。

[63]业：这里指学业。

会：理解。

文法：作文造句之法。

兢兢：小心谨慎。

[64]数：计量，估量。功德：功劳德行。意与佛教原意有别。佛教指念佛、诵经、布施诸事。

津梁：佛家谓以佛法引渡众生。

福寿论注译

［唐］孙思邈　著

曾传辉　注译

福寿论[1]

圣人体其道而不为也,贤人知其祸而不欺也,达人断其命而不求也,信人保其信而静守也,仁者守其仁而廉谨也,士人谨其士而谦敬也,凡人昧其理而苟非为也,愚人执其愚而不惮也,小人反其道而终日为也。[2]

福者,造善之积也;祸者,造不善之积也。鬼神盖不能为人之祸,亦不能致人之福,但人积不善之多而煞其命也[3]。富贵者以轻势取为非分也,贫贱者以佞盗取为非分也。[4]神而记之,人不知也。夫神记者,明有阴籍之因[5]。又,按《黄庭内景》云:"夫人有万余神,主身三尸、九虫、善恶,童子录之,奏上。况有阴冥之籍也?"[6]愚痴之人神不足,神有余者,圣人也。亦不可一二咎而夺其人命也[7]。亦有爵被人轻谤,及暴见贬黜,削其名籍,遭其横病者,多理辅不法所致也。[8]理辅不正不死者,其寿余禄未尽也;正理辅而死者,箅尽也[9]。贫者多寿,富者多促:贫者多寿,以贫穷自困而常不足,不可罚寿;富者多促,而奢侈多有

福寿论

圣人体会到福寿之道而不去有意作为,贤人懂得祸害而不自欺欺人,达人能够判断自己的命运而不去强求,信人坚信福寿来去有时而静静等待,仁者保持着仁德而廉谨,士人谨慎行事而谦虚恭敬,凡人不懂得福寿的道理而胡作非为,愚人固执他的愚蠢而无所惧怕,小人反其道而终日妄为。

福运是做善事日积月累而得到的;祸害是行不善之事日积月累而造成的。鬼神不能给人带来灾祸,也不能给人带来福运,只不过是人多行不善之事而结束他的性命。富贵的人凭借权势索取是过分,贫贱的人利用谄媚和偷盗索取是过分。(这些事情,)神都记下了,而人却不知道。神记下的,有阴间的福册作为凭据。又按《黄庭内景经》上所说:"一个人身上有一万多个神,主管身内的三尸、九虫、善恶,五方童子把这些记下,向上帝汇报,更何况还有阴间地府的登记簿?"愚呆痴笨的人神灵的数目不足,神灵数目有余的就是圣人了。也不可因为一两个过失就夺去人的性命。也有任职高官的被谗言诽谤或突然遭到降职罢免,或被除去名册户籍,或得了意外的疾病,这些大多是因为辅助

帝王治理国家不得法所招致的。辅助帝王治理不正当但却不死的，是他剩余的寿数和福禄还没有享尽；辅助帝王治理正当却早死的，是他的寿数已尽。贫穷的人多长寿，富贵的人多短命：贫穷的人多长寿，是因为贫穷已使他的自身困厄，生活上常得不到满足，所以不能再罚他的寿数；富贵的人多短命，因为他挥霍浪费多余的东西，所以要损伤他的寿命（来相抵），这是老天在去多余补不足。也有贫穷低贱、挨饿受冻、露尸荒野不得入葬的，都是心地不善良的人。道行不足，所以会穷；善心不足，所以会死。天虽然没有杀他，他会自取其毙，因为他不该呆在人间，承受天地的养育包容，头顶着日月光辉的照耀。这不是人力所能改变的。所以有官职上的过分、车马上的过分、妻妾上的过分——以上叫做不仁之过分；有屋宇上的过分、衣食上的过分、经商上的过分——以上叫做不俭的过分。这些，神都记录下来，三年，五年，十年，二十年，不要超过了这个界限，超过了神要追查起来，人就会死掉。

做官上的过分，通过不正当的手段而居官位，通过贿赂而得到爵位，德行浅薄而执掌高位，狡诈谋求而窃得厚禄。用狡诈的手段求得的必然勉强，勉强

余，所以折其命也，乃天损有余而补不足。[10] 亦有贫贱饥冻曝露其尸不葬者，心不吉之人也。[11] 德不足，是以贫焉；心不足，是以死焉。天虽然不煞自取其毙也，不合居人间，承天地之覆载，戴日月之照临，此非人者也。[12] 故有官爵之非分、车马之非分、妻妾之非分（已上谓之不仁之非分也）；有屋宇之非分、粟帛之非分、货易之非分（已上谓之不俭之非分也），则神而记之，三年五年十年二十年不过此；过此，神而追之，则死矣。[13]

身中诸神图

官爵之非分者，崎岖而居之，贿赂而得之，德薄而执其位，躁求而窃其禄，求其躁取而必强，强而取之，非分也。[14]

即有灾焉、病焉、死焉，神而记之，人不知也。

《太上宝筏图说》中的"谄上希旨"图

车马之非分者，市马怜其价而焉欲其良？水草而不时，鞭勒而过度奔走而不节，不知驱驰之疲，不知远近之乏，不护险阻之路。[15]畜不能言，天哀力竭[16]，此非分也。神已记之，人不知也。

妻妾之非分者，所爱既多，费用必广，淫泆之道必在骄奢，金翠之有余，兰膏之有弃，恶贱其纹练，猒饫其珍羞。[17]人为之难，尔为之易[18]；人为之苦，尔为之乐，此非分也。神已记之，人不知也。

童仆之非分者，以良为贱，以是为非，苦不悯之，乐不容之，寒暑不念其勤劳，老病

求得的就是过分，所以就会有灾啊，病啊，死啊。神已记下，人不知道罢了。

车马上过分的人，买马时极吝啬价钱，怎么能让得到的马健壮?饮水添料不及时，不挥鞭勒缰，让马过度地奔跑而不节制，不顾马受惊驱驰的疲惫，不顾马行程遥远的困乏，不顾道路艰险阻塞。畜牲不会说话，老天可怜它的气力用尽。这就是过分之处，神已记下，人却不知道。

妻妾上过分的人，所喜欢的人多，开支费用必然大，荒淫之道一定要放纵骄奢，金珠翠玉富足有余，脂粉香草随便遗弃，绫罗绸缎受到讨厌，饱食山珍海味，人做起来难，你做起来却很轻易；人为之痛苦，你却为之高兴。这些就是过分之处，神已记下，人自己却不知道。

童仆上过分的人，把良家子弟当成下贱之人，认是为非，仆人受苦毫不怜悯，有一点享乐却难以相容，无论冬寒夏暑，不看在仆人勤劳的份上给予关怀，年老多病也不可怜仆人的困窘和疲惫，鞭打仆人不管是否已经屈服，侮辱仆人不问亲疏远近。这就是过分之处，神已记下了，人自己还不知道。

屋宇上的过分，人口不多，却造大房子；工价不足，却责罚工匠。用不义之财，没完没了地

《太上宝筏图说》中的"用妻妾语"图

不矜其困惫，鞭挞不问其屈伏，陵辱不问其亲疎，此非分也。[19]神已记之，人不知也。

《太上宝筏图说》中的"苛虐其下"图

屋宇之非分者，人不多，构其广厦；价不厚，而罚其工人。[20]以不义之财葺其无端之舍，功必至，饰必明，斤斧血力，木石劳神，不知环堵之贫，

修葺房子，而且要精美到极致，装饰还必须明亮，刀斧耗费血气，木石劳顿精神，却不知道四周方丈土墙的贫穷和蓬草为户的简陋。这些就是过分之处，神已记下，人不知道。

粮棉上过分的人，种植的土地宽广，收割起来很费力，耕种的农民负债，他们自己却成倍获利。把粮食储藏在大仓中，年复一年，成为盗贼凯觊的对象，雀鸟和老鼠的巢穴，直到储粮的农民欠债，诱使农民陷入深深的冤枉中。这些就是过分之处，神已记下，人却不知道。

衣食上过分的人，绫罗绸缎穿不完，穿不完也还要做新衣衫，大箱小箱数不尽，却不去给贫寒的人施舍一件，不想想那些衣不蔽体几近裸露和衣衫简陋的人，却满足了蛀虫和老鼠的口福，放在黑漆的樟木箱中腐烂变质。这就是过分之处，神记下了，人自己却不知道。

饮食上过分的人，每一餐要吃到水、陆特产，每次饮酒都要有琴瑟歌声伴奏。吃掉的少，浪费的多。世上有人谷皮粗米还填不饱肚子，这些人却因脂膏油腻而抛弃，任凭仆人、妻妾把它们扔在烂泥中。这就是过分之处，神已经记下，人不知道。

经商获得丰厚的利润并不过分；在利润以外克扣别人就是过分。接连得到非同寻常的利蓬户之陋，此非分也。[21]神已记之，人不知也。

粟帛之非分者，其植也广，其获也劳，其农也负，其利也倍。[22]蓄乎巨廪，动余岁年，盗贼之羁縻，雀鼠之巢穴，及乎困农负债，利陷深冤，此非分也。[23]神已记之，人不知也。

衣食之非分者，纹绮有余，余而更制，箱箧之无限，贫寒之不施，不念俫露之凌，布素之不足，以致蠹鱼鼠口，香黦腐烂，此非分也。[24]神已记之，人不知也。

饮食之非分者，一食而其水陆，一饮而取其弦歌。[25]其食也寡，其费也多。世之糠籺不充，此以膻腻有弃，纵其仆妾，委掷堲涂。[26]此非分也，神已记之，人不知也。

货易之利厚，不为非分；利外克人[27]，此为非分。接得非常之利者，样也，小人不可以轻而受之。[28]其所鬻者贱[29]，所价者贵。彼之愚，而我之贼，贼而得之者，祸也；倖而得之者，灾也；分而得之者，吉也；屈而得之者，福也。[30]

夫人之死，非因依也，非痾瘵也，盖以积不仁之多，造

润，是凶恶的预兆，见识浅薄的人不可以轻易地接受。他所卖的东西价值很贱，而卖出的价钱却很高。他人愚蠢，而我狡猾。狡猾得到的，是祸；侥幸得到的，是灾；分内得到的，是吉；屈就得到的，是福。

人的死不是因为偶然的机缘，也不是因为疾病，是因为做不仁之事过多，行不善之事太广，天神追究起来（，就结束了生命）。人如果能补偿过失，悔改罪责，布施仁爱恩惠，生出怜恤之心，道德通达地下阴间，就可以活下来，但还不能逃脱以往背负的灾祸。不这样的，灾祸一天天增多，寿命一天天减少，黄金有余，福份已尽。且不义之财，有血缘的亲属共同使用，前辈人（忍受）贫困（积累起来），后辈人可能失去。这些对我如同浮云，不值得当作富贵。如果奉行阴德而不去欺诈，圣人了解你，贤人庇护你，上天爱怜你，周围人喜欢你，鬼神敬畏你。拥有财富而不失（善待财富的心态），身处显贵而不失（慎待显贵的风范），灾祸不靠近，寿命不折损，被伤和被抢的祸患都远离，水灾和火灾都免除，必然能保全性命，享尽应得的寿命。

劝善书

注译

○三○

《太上宝筏图说》中的"强取强求"图

不善之广，神而追之则矣。[31]
人若能补其过，悔其咎，布仁
惠之恩，垂悯恤之念，德达幽
冥可以存矣，尚不能逃其往负
之灾。[32]不然者，其祸日多，其
寿日促，金之得盈，福之已竭。
且无义之富，血属共之，上之
困焉，下之丧焉，如此者于我

孙思邈

注释：

[1]此篇原题"唐太古妙应孙真
人福寿论"。《新唐书·艺文志》著录
"幽传福寿论一卷"，即此书。今本收
入《道藏》正一部。

孙真人即唐代著名道教徒、伟大
的医学家孙思邈。孙思邈（公元
581-682年），唐朝华原（今陕西耀
县）人，博通老庄百家之学，尤精于医
药学以及阴阳、推步、占卜等道术。居
终南山，以著述治病为主，后世推崇
为药王。宋徽宗追封为"妙应真人"。
传世的著作有《摄生论》、《福寿
论》、《保生铭》、《存神炼气铭》、
《摄养枕中方》、《千金要方》、《千金
翼方》等百余卷。

本文不但贯穿"福者，造善之积
也；祸者，造不善之积也"这一道教劝
善书的共同主旨，而且提出了福寿可
以相互转化、相为消长的全新观点，
丰富了道教劝善主题的思想内涵。文
中教人以超然、长远、无为的心态对
待财富、地位和寿数，尤其对社会上
层有非常重要的警戒作用。本文字句
简洁质朴，重说理而无教训之意，显
示出很高的人生风范，是劝善文中的
上品。

[2]圣人：谓道德智能极高的人。
体：体验，实行。

贤人：谓才能德行好的人。欺：这
里是自欺欺人的意思。

达人：指通达事理的人，达观的
人。

信人：指诚实的人。

仁者：指具有仁德的人。

士人：士，通"事"。《诗·豳风·东
山》："勿士行枚。"孔颖达疏："无事

如浮云，不足以为富也。[33]人若奉阴德而不欺者，圣人知之，贤人护之，天乃爱之，人以悦之，鬼神敬之，居其富而不失其富，居其贵而不失其贵，祸不及也，寿不折矣，攻劫之患去矣，水火之灾除矣，必可保生全天寿矣。

* * *

不行陈（阵）衔枚。"

昧：愚昧，无知。这里作动词用。

惮：怕，畏惧。

小人：与"君子"相对，成为"无德者"的称谓。

[3]煞：结束，止住。

[4]轻势：轻，车顶前低如俯的样子。轻势，比喻居高临下，借势欺人。非分：过分。

佞：用花言巧语谄媚人。

[5]明：英明。阴籍：阴间记载人的得失的簿册。因：凭证。

[6]《黄庭内景》：全称《太上黄庭内景经》。称大道玉晨君作，传魏夫人，共三十六章。讲道家养生修炼之道，称脾脏为中央黄庭，于五脏中特重脾土。按，今本《黄庭内景经》无此原话，然有此思想。

三尸：道家认为人身有作祟之神三，叫三尸。每逢庚申的日子，向天帝诉说人的过恶。唐段成式《酉阳杂俎》："三尸一曰三朝，上尸青姑，伐人眼；中尸白姑，伐人五脏；下尸血姑，伐人胃命。"

九虫：谓人身有九种寄生虫，能致人疾病。即：伏虫、蛔虫、白虫、肉虫、肺虫、胃虫、膈虫、赤虫、蛲虫。《长生胎元神用经·去三尸九虫方》："九虫……唯伏虫是诸虫之主。蛔虫贯心则杀人；白虫相生子孙，转大到四五尺，亦能杀人；肉虫令人烦闷；肺虫令人咳嗽；胃虫呕逆；膈虫令人好唾；赤虫令人腹鸣；蛲虫居人胴肠，多则令人患癞痔，亦为疮疥风等。人身中皆有九虫，不必尽多，别有治方。"

童子：道教神灵。即五方灵童，分管各方世间事务。阴冥之籍：阴曹地府的记录簿。

[7]咎：过失，罪过。

[8]爵：爵位。轻谤：借重宠信而进谗言。

暴：突然。贬：降职。黜：罢官。

名籍：名册。

横病：不测之疾。

理辅：治理国家，辅助帝王。理，治理。辅，辅助。

[9]筭：通"算"。

[10]促：短，这里引申为命短的意思。

折：损。

[11]曝露：即"暴露"。曝，同"暴"。

吉：善。

[12]毙：死，死亡。

合：应当。

覆载：指天地养育及包容万物。《礼记·中庸》："天之所覆，地之所载。"戴：头顶着。

照临：从上面照耀。此非人者也：指不是人力所能改变的。

[13]粟帛：这里指衣食。粟，粮食的通称。帛，丝织物的总称。

货易：贸易。《资治通鉴·齐永明

元年》：“会有人告（张）敬儿遣人至蛮中货易。”注：“货易，即贸易也，以我所有，易人所无。”此处引申为经商。

[14]崎岖：比喻处境困难。此处引申为通过不正当手段。

躁：犰狳。

勔：竭力，勉强。

[15]市：买。

惢：同“吝”。

驱驰：驱逐奔驰。

护：爱护。

[16]哀：怜悯，同情。

[17]淫泆：谓纵欲放荡。也作“淫佚”、“淫逸”。

兰膏：古时用泽兰炼成的油脂，用来燃灯，有香气。又泛指有香气的油脂。

恶：讨厌。贱：鄙视，轻视。纹：古代丝织物。猒饫：饱足。猒，同“餍”，饱，足。饫，饱食，引申为饱足。珍羞：亦作“珍馐”，贵重珍奇的食品。

[18]余：“尔”的异体字。

[19]容：允许。

矜：通“怜”，怜悯，同情。

屈伏：屈服。伏，通“服”，屈服。

陵：欺侮。踈：即疏，疏远。

[20]构：架屋。《淮南子·泛论训》：“筑土构木以为宫室。”高诱注：“构，架也，谓木材相乘架也。”广厦：大房子。《列子·力命》：“庇其蓬室，若广厦之荫。”

价：工价。工人。工匠。

[21]葺：修葺，泛指修理房屋。无端：没有尽头。

功：精善。

饰：装饰，装饰品。明：明亮。

斤斧：斧头。血力：血气，此作动词，消耗血气。木石：树木和山石。劳神：劳累

精神。

环堵：方丈为堵。环堵，四周环着每面方丈的土墙，形容居室的隘陋。《礼记·儒行》：“儒有一亩之官，环堵之室。”郑玄注：“环堵，面一堵也。”

蓬户：用蓬草编成的门户。指贫人所住的简陋房子。

[22]植：种。

劳：费力。

农：耕种的人。负：亏欠。

[23]廪：米仓。

动余岁年：动辄超过很多年。

羁縻：原指怀柔之法。此处意指盗贼的凯觎。

囷农：专管贮储粮食的农民。囷：圆形的粮仓。

利：诱使。陷：陷入。

[24]纹綵：指衣服。纹，丝织品上的花纹。綵，同“彩”。彩色丝绸。

制：裁制衣服。

箧：小箱子。

倮：同“裸”。

凌：引申为迫近。

布素：形容衣着俭朴。布指质地，素指颜色。

蠹鱼：即“蟫”，亦称“衣鱼”。蛀蚀书籍衣服等物的小虫。《尔雅·释虫》：“蟫，白鱼。”郝懿行义疏：“亦名壁鱼，一名蠹鱼。”

香黫：指黑漆漆成的樟木衣箱。黫，同黰，深黑色。

[25]水陆：这里指水底下陆地上可食用的动植物，即所谓山珍海味。

弦歌：以琴瑟伴奏而歌。

[26]糠粝：指粗粮。糠，谷皮。粝，粗米。

膻腻：指油腻。膻，羊腹内的脂

膏。腻,指脂肪。

纵:放任,任凭。

委:抛弃。堥涂:泥。堥,污泥。涂,泥。

[27]克:克扣。

[28]挨:连续,连接。

样:疑为"祥"字的错字,凶吉的预
兆。

[29]鬻:出卖。

[30]贼:狡猾。

倖:同"幸",侥幸。

[31]因依:原由,缘起。

痼瘵:病。痼,同"疴",病。瘵,
病,多指痨病。

[32]布:布施。

垂:施行。悯恤:怜恤。

幽冥:旧指地下。

[33]血属:有血缘关系的亲属。

冨:同"富"。

劝善书

注译

福寿论

太上感应篇注译

［北宋］李昌龄　传

唐大潮　注译

太上感应篇[1]

太上曰:祸福无门,[2]惟人自召,善恶之报,如影随形。是

老子

以天地有司过之神,[3] 依人所犯轻重,以夺人算,[4]算减则贫耗,多逢忧患,人皆恶之,刑祸随之,吉庆避之,恶星灾之,算尽则死。又有三台北斗神君,[5]

《太上宝筏图说》
中的"是以天地有司过之神"图

太上感应篇

太上老君说:"灾祸与福祉没有一定不变的来源和去处,完全取决于人自己的行为,人做善事必获福报,做恶事必获祸报,正如影子与身体的关系一样,祸、福总是紧紧追随着人。因此上天派遣专门考察人的行为的司过之神(下降人间,巡游监察,遇人犯了罪过,即时录奏定罪),依据所犯过失的轻重、大小,削减其寿命。犯罪过太多的人,不但短命,贫苦,遭受种种灾难、愁苦,而且被众人厌恨,刑罚祸患跟定他,吉祥喜庆远离他,凶星恶煞降与他,短命而死。又有执掌人的夭寿、生死、祸福的三台北斗神君,居于人的头上,时刻监视着人的行为,一发现过失便录写在簿,削减人的寿命,并根据所犯过失的程度施予夺纪或减算的惩罚。又有三尸神,居于人体内上、中、下三田,每到庚申日这天,便上天庭,告发人的罪过。灶神在每个月的最后一天,亦会如三尸神那样。总之,人们只要行为不端,居心不良,诸神都会严察,不会放松,并根据其所犯过恶予以不同程度的惩罚,大的过恶会被削减十二年的寿命,小的过失亦会被减寿一百天。过失大小,有数百种之多,人们如果想求得长寿,首先要

劝善书

注译

在人头上，录人罪恶，夺其纪算。[6] 又有三尸神，[7] 在人身

《太上宝筏图说》
中的"又有三台北斗神君"图

中，每到庚申日，[8] 辄上诣天曹，[9] 言人罪过。月晦之日，[10] 灶神亦然。凡人有过，大则夺纪，小则夺算，其过大小，有数百事，欲求长生者，先须避之。是道则进，[11]非道则退。不履邪径，不欺暗室。[12]积德累功，[13]

《太上宝筏图说》中的"不欺暗室"图

做到的是（心存善念，做善事），避免大小过失。凡是符合"道"的事情应当尽力去做，凡是不符合"道"的事情应当避而远之。比如说，不要走邪路，做恶事，即使是在无人之处，也不可做坏事，欺昧良心。持之以恒地做好事、善事，由少到多，日积月累，自然会功圆德满。应该对一切事物和人怀有慈爱之心，忠君孝亲，友爱朋友，顺从兄长，端正自己的行为，劝导教化别人。对孤儿寡妇应当有同情心，给予关照、周济；对老人应当尊敬，对年幼的孩子爱护；即便是对昆虫草木，亦不可伤害。别人有了凶事，应当有怜悯之心，千方百计去劝导他改悔；有人做了善事，应当高兴，鼓励他不松懈，以获得更大的成就；见人有了困难、危急之事，应当加以救济，为其解除困境；别人有了得意的事情，就像自己有了得意的事情一样；别人有了失意之事，就如自己失意一样。不显扬别人的缺陷、短处，不炫耀自己的优点、长处。对恶人、恶事应当阻挡，对善人、善事应当宣扬。对有好处的事应推让，没有好处的事应当不怕亏待自己。受了别人的侮辱不生怨恨，获得荣华富贵应当有诚慎恐惧之心。对别人给予帮助不求报答，把财物赠予别人不后悔。能够做到这一切就是善人，将会得到人们的敬重、上天

慈心于物。忠孝友悌，[14]正己化人，矜孤恤寡，[15]敬老怀幼，昆虫草木，犹不可伤。宜悯人之凶，乐人之善，济人之急，救

《太上宝筏图说》中的"乐人之善"图

人之危，见人之得，如己之得，见人之失，如己之失。不彰人短，不衒己长。[16]遏恶扬善，推多取少，受辱不怨，受宠若惊，施恩不求报，与人不追悔。所谓善人，人皆敬之，天道佑之，

《太上宝筏图说》中的"众邪远之"图

的保佑，福禄也会随之来到，而各种邪神都会远离避开，疫魔疠鬼不敢侵犯，正神常常护卫，消灾解厄。这样，其所作所为都会获得成功，可望成为神仙。要想成为天仙，就应当做一千三百件善事；想成为地仙，应当做三百件善事。如果尽做违背道德、伤天害理的事情，以做恶事为逞能，残忍地做伤人害物之事，偷偷地陷害正直善良的人，暗地里欺侮君主、父母，做不忠不孝之事，不敬重师长，背叛官长，欺骗没有见识的人，诽谤同学朋友，无中生有，造谣生事。以假作真，奸诈欺人，攻击、宣扬别人及宗族亲戚的隐私，气质刚暴，残忍刻薄，凶狠乖戾而又自以为是，是非不明，错的认作对，对的认作错，好人不去亲近反倒去结交恶人，虐待下民以获取功赏，奉承揣摸上司意图以期获宠，接受别人的恩惠不思报答、不感激，别人稍对自己有不到之处就心怀怨恨，念念不忘，做官不循上天爱民之意，不体恤百姓的困苦，对百姓的痛苦不闻不问，搅乱国家事务，赏赐不义之人，施加刑罚于无罪之人，制造冤狱以受贿，陷害别人以获取官位，杀戮已投降的人，驱逐排斥正人、贤人，欺凌逼迫孤儿寡妇，受人贿赂，任意篡改国家法律，把有理的事情判为无理，无理的判为有

福禄随之，[17]众邪远之，神灵卫之，所作必成，神仙可冀。[18]欲求天仙者，[19]当立一千三百善；欲求地仙者，[20]当立三百善。苟或非义而动，[21]非理而

《太上宝筏图说》中的"苟或非义而动"图

行，以恶为能，忍作残害，阴贼良善，暗侮君亲，慢其先生，叛其所事，诳诸无识，谤诸同学，

《太上宝筏图说》中的"叛其所事"图

虚诬作伪，攻讦宗亲，刚强不

理，罪轻的说成罪重的。触犯刑律获罪该杀的人，固然是咎由自取，但也应对其有怜悯之心。（用刑是不得已的，）在人将被杀时，反加嗔怒（是违背天道好生恶杀的自然法则）。知道自己有了过失，却不思悔改；明知是有利于他人的事情，却不屑去做；自己有了罪恶，却牵扯无辜以图自己解脱；故意阻挠以医卜星相为职业谋生的人行使不害人的方术，（断绝此类人的谋生之途），讥诮先圣先贤，侵损凌虐道德，射杀飞禽走兽，挖掘冬眠的蛰虫，惊扰宿鸟，填堵虫兽洞穴，打翻鸟巢，打破鸟蛋，伤害怀胎的动物，这一切行为都是杀害物类的恶行。心里期望别人有过失，千方百计毁败别人的成功，把别人置于危险之地以求自己的安稳，损减他人以增加自己的利益，用坏的换取别人好的，为自己的一己私利而不顾公道，窃取别人的才能，把它说成自己的，对别人的功绩、好处竭力遮掩，对别人的过失、错误却大肆夸张，对别人的隐私、短处进行揭发，浪费别人钱财而从中取利，离间挑拨，搬弄是非，使得他人父子、夫妇、兄弟至亲之间不和，强夺他人所爱的事物，帮助他人为非作歹，放纵自己作威作福，欺凌他人，凌辱他人以求己胜，毁坏他人的禾苗，破坏他人的婚姻，侥幸获得财富

仁,狠戾自用,是非不当,向背乖宜,虐下取功,谄上希旨,受恩不感,念怨不休,轻蔑天民,

《太上宝筏图说》中的"轻蔑天民"图

扰乱国政,赏及非义,刑及无辜,杀人取财,倾人取位,诛降戮服,贬正排贤,凌孤逼寡,弃法受赂,以直为曲,以曲为直,入轻为重,见杀加怒,知过不改,知善不为,自罪引他,壅塞方术,[22]讪谤圣贤,侵凌道德,

《太上宝筏图说》中的"射飞逐走"图

就骄奢淫逸,侥幸逃脱祸患便不顾公道、廉耻,把他人的恩惠冒认为自己的,将自己所犯的过失推在别人身上,居心险恶,将祸害转嫁给他人,将自己所做恶事推卸在他人身上,沽名钓誉,暗地里存着害人之心,挫败他人的长处,对自己的欠缺之处多方掩饰,凭借威势逼迫挟制他人,放纵自己的凶残之性伤害物畜,无缘无故地暴殄天物,为贪口腹而杀害生灵,随便抛散浪费稻、黍、稷、麦、菽五谷,为一己之欲而不惜扰害劳苦百姓。破坏他人家庭,以获取钱财宝物;故意决堤放火,毁坏人民的房舍;偷偷地使诡计使人做事计划被扰乱,使其不得成功;毁坏他人用以谋生的工具,以致使人要用时无处设法;见到他人有了荣华富贵,不但不高兴,反而希望其被削职、流徙;见他人富足有物,希望他财破家亡,见他人的妻女貌美,便起奸邪的私心,一心想据为己有;欠了别人的东西,(不急急设法偿还)反而巴不得他死去(以图赖免);托求他人为自己谋事不成,便生诅咒忌恨之心;见人有了不得意的事,不仅不同情,反而四处议论他平日的过失,幸灾乐祸;见人身体有缺陷,就对他嘲笑讥讽;见人有才能值得称道,就设法加以贬抑。心存阴毒的害人之心,用种种

太上感应篇

劝善书

注·译

射飞逐走，发蛰惊栖，填穴覆巢，伤胎破卵，愿人有失，毁人成功，危人自安，减人自益，以恶易好，以私废公，窃人之能，

《太上宝筏图说》中的"以私废公"图

蔽人之善，形人之丑，讦人之私，[23]耗人货财，离人骨肉，侵人所爱，助人为非，逞志作威，

《太上宝筏图说》中的"助人为非"图

辱人求胜，败人苗稼，破人婚姻，苟富而骄，苟免无耻，[24]认恩推过，嫁祸卖恶，沽买虚誉，

妖术害人，诸如埋蛊咒人早夭，用毒药杀害树木，破坏他人风水、财货等等。触怒师傅，冲撞父兄；用武力、威势强取强夺，使奸用巧，明夺暗取他人财物；以不正当的手段掠夺致富，使乖弄假以使自己能够获取官职，得到升迁；赏罚极不公平；（以个人爱好为准绳）纵欲享乐而无节制；对待下属及奴婢等苛刻而残暴，虚张声势加以恐吓；（自己遇到不顺心、不得意之事，不反省自己的行为）却只知怨恨天公、指责别人，怒责、咒骂风神雨神；纠合不法之徒，结盟立社，聚成一党（把强欺弱）；听信妻妾之言，违背父母的教训；不顾情义，为一己私利而不惜弃旧忘故；嘴上说的是一套，而心里想的却是另外一套；心里贪财，不惜一切手段；欺瞒君亲官长，无中生有；捏造种种恶言恶语，诋毁中伤他人；诽谤他人，谩骂神灵，反倒说自己正直不阿；不顺天理，却反而专做不合天理的事情；背弃父母兄弟至亲骨肉，专一结交有怨有仇之人；为掩饰自己的鄙陋心肠而不惜指天地发誓；为掩盖自己所做的种种污秽之事而请神明做鉴察；施与他人钱财却又心里后悔；借了他人的财物却不肯偿还；本不是自己应得的东西却要设法据为己有；为图富贵而不惜力尽筋疲，害人害己；贪财好色，

包贮险心，挫人所长，护己所

《太上宝筏图说》中的"包贮险心"图

短，乘威迫胁，纵暴杀伤，无故剪裁，非礼烹宰，散弃五谷，劳扰众生。破人之家，取其财宝；决水放火，以害民居；紊乱规模，以败人功；损人器物，以穷

《太上宝筏图说》中的"损人器物"图

人用；见他荣贵，愿他流贬；见他富有，愿他破败；见他色美，起心私之；负他货财，愿他身死；干求不遂，便生咒恨；见他

放纵情欲；内心狠毒却表面上装得慈眉善目；拿污秽变质的食物与别人吃；利用妖法邪术迷惑百姓，扰乱国法；用短尺、少秤、小升、挩杂使假、以劣充好等等害人的手段来获取暴利；欺压良家子女，使其沦为婢仆娼妓；欺骗老实善良或有智力缺陷的人；贪婪而不知满足；向神灵咒告、发誓以明心迹；嗜酒没有节制以致悖理乱性；至亲骨肉之间为一点小事忿争不休；做男子的奸佞不忠，做女子的不柔顺；夫妻之间吵吵闹闹，做丈夫的欺凌妻子，做妻子的不尊敬丈夫；每每骄矜夸张，常常怀有妒忌之心；做丈夫的对待妻子儿女刻薄寡情，做妻子的对公婆不孝顺，不尽心侍奉，对祖宗父母的阴灵不敬，甚或殡殓无礼，居丧违制，祭享不虔诚，拜扫不勤谨，出卖坟山祭田、祠堂祭器、停柩不葬等等；违背忤逆父兄官长的命令、教训，做种种无益的事情；暗藏欺夫背主的外心，心里怀藏怨恨，便伪装咒自己死来咒别人死；只顾自己的好恶来待人接物，不凭公理；对灶神、井神极不恭敬，随便从上跨越；从别人的饮食上跳过，从别人头上跳过；残害婴儿，堕杀胎儿；行为不光明正大，怪僻成性；在每月月末及元旦、端午、七夕、十月朔日、年底等天神考察人善恶的时日，

太上感应篇

劝善书

注译

失便，[25]便说他过；见他体相

《太上宝筏图说》
中的"见他色美，起心私之"图

不具而笑之，见他才能可称而
抑之。埋蛊厌人，[26]用药杀树，
恚怒师傅，[27]抵触父兄，强取

《太上宝筏图说》
中的"见他才能可称而抑之"图

强求，好侵好夺，虏掠致富，巧
诈求迁，赏罚不平，逸乐过节，
苛虐其下，恐吓于他，怨天尤
人，呵风骂雨，斗合争讼，妄逐

行歌舞作乐；在每月初一、每天
清晨发脾气，口出怨恨之声；面
向众神居住的北方擤鼻涕、吐
唾沫、小便；对灶歌唱、啼哭，并
且还取灶中之火点香，用污秽
的柴烧火做饭菜；夜里起床赤身
露体；在立春、立夏、立秋、立冬、
春分、秋分、夏至、冬至八个诸神
录人罪过的时节，不知避忌，反
而动用各种刑罚；口唾流星，手
指斗星余气、日月星辰，经常盯
视日月；在万物生发的春天，放
火烧山，猎杀鸟兽虫鱼；对北口
出恶语触犯天神，无缘无故地
打杀龟蛇。如果犯有以上所述
的种种罪恶，将由掌管人的夭
寿的司命神根据所犯罪恶的轻
重，给予夺纪减算的惩罚，纪算
被夺尽人就死亡。不仅如此，死
后还有余罪遗殃祸及子孙后
代。再如，依仗威势侵夺他人财
物者，神明还要多方判罪，如将
其妻儿老小抵罪，以致死丧。如
若不死，则有水灾火难，盗抢贼
偷，遗失器物，疾病侵扰，官司口
舌争斗，以此种种灾祸抵当妄取
之罪。平白无故地枉杀人命，都
是由自己的恶行而导致的冤冤
相报，如同换刀相杀一样。用不
正当手段获取不义之财的人，
就像以被污染有毒的肉来充饥，
喝毒酒止渴，不但不能充饥止
渴，反而会促使死亡到来。（心
是产生善恶的根源，）心里有了
为善的念头，虽未见诸行动，而

朋党,用妻妾语,违父母训,得

《太上宝筏图说》中的"逸乐过节"图

新忘故,口是心非,贪冒于财,欺罔其上,造作恶语,谗毁平人,[28]毁人称直,骂神称正,弃顺效逆,背亲向疏,指天地以证

《太上宝筏图说》中的"弃顺效逆"图

鄙怀,[29]引神明而鉴猥事,[30]施与后悔,假借不还,[31]分外营求,力上施设,淫欲过度,心毒貌慈,秽食馁人,左道惑众,短尺狭度,轻秤小升,以伪杂

吉神已受到感动,时刻跟随护佑;心里如起了为恶的念头,虽未付诸实施,恶心却已触动了凶神,凶神便跟定了他,使之做恶事,多方降祸。如果曾经做过恶事,但后来能够自行改悔,不再心起恶念,做诸种恶事,恭敬虔诚地奉行善事,久而久之必将福禄相随,神灵卫护,这就叫做转祸为福。总而言之,能够获得善报的人,言语、目光、行为无不体现出其善良的本性,每天能够做到这三善,时刻不停,这三善积累满三年,善行圆满,天神必定会将幸福降临与他;不得善报的人,言语、目光、行为都显现出其凶恶的本性,每天都犯有这三恶,积满三年,恶贯满盈,天必定会将灾祸降与他。如此看来,人们为什么不尽力向善(抛弃诸恶,检束身心,以获得神灵的福佑,造福子孙后代)呢?

* * *

注释:

[1]《太上感应篇》又称《太上老君感应篇》,简称《感应篇》,道教劝善书之一。作者不详。《宋史·艺文志》录:"李昌龄《感应篇》一卷",《正统道藏》太清部收《太上感应篇》30卷,题为"李昌龄传,郑清之

劝善书

注译

真,采取奸利,压良为贱,谩蓦

《太上宝筏图说》中的"左道惑众"图

愚人,[32]贪婪无厌,咒诅求直,[33]嗜酒悖乱,骨肉忿争,男不忠

《太上宝筏图说》中的"骨肉忿争"图

良,女不柔顺,不和其室,不敬其夫,每好矜夸,常行妒忌,无行于妻子,失礼于舅姑,轻慢先灵,违逆上命,作为无益,怀挟外心,自咒咒他,偏憎偏爱,越井越灶,[34] 跳食跳人,[35]损子堕胎,行多隐僻,[36]晦腊歌

赞"。其产生时间,大约在北宋初年,到南宋理宗(1225-1264年)时已有刊本流传于世。篇幅不大,全篇字数约一千二百多,系吸取《抱朴子》、《易内戒》、《赤松子经》等道教经书部分内容为素材,以开篇十六字:"祸福无门,惟人自召;善恶之报,如影随形"为全篇总纲。提出人们如想长生多福,首先必须行善积德,并列举了二十余条善行,一百多条恶行作为标准。《感应篇》问世后,在社会上产生了很大的影响。宋理宗亲笔为其刊本题写"诸恶莫作,众善奉行"八个大字;明代皇宫中藏有宫廷自己刻印的刊本;清朝顺治皇帝亲作劝善要言序一篇。官刻和民间刊本比比皆是,为其作注者亦蜂起猬集,其中以清代惠栋《太上感应篇注》和俞樾《太上感应篇缵义》最具影响。信奉者上至宫廷、官僚阶层、文人士大夫,下至目不识丁的"闾巷细民",以至深入到了民情风俗中,而成为社会生活不可分割的部分。

太上:本意最上。在这里是指太上老君,即老子。姓李,名耳,为先秦道家学派创始人,被道教视为教主,尊为至高无上的神灵,称道德天尊。

感应:感,意为感动;应,意为报应。指人的行为能够影响上天,上天可以根据人的行为而施以祸福。即是说人与天之间有一种相互影响的关系,也就是天人感应,人神感应。

[2]无门:门即门路、进出口之意。祸福无门比喻灾祸和福祉没有必定的来源和去处。

[3]司过之神:道教神灵。专门考察人的行为过失,根据过失大小而予

《太上宝筏图说》中的"越井越灶"图

舞，[37]朔旦号怒，[38]对北涕唾及溺，[39]对灶吟咏及哭，又以灶火烧香，秽柴作食，夜起裸露，

《太上宝筏图说》
中的"对灶吟咏及哭"图

八节行刑，[40]唾流星，指虹霓，辄指三光，[41]久视日月，春月燎猎，[42]对北恶骂，无故杀龟打蛇。如是等罪，司命随其轻重，[43]夺其纪算。算尽则死，死有余责，[44]乃殃及子孙。又诸

以不同的惩罚。

[4]人算：人的寿命计算单位。人活百日叫做一算。

[5]三台北斗神君：道教神灵，执掌人的夭寿、生死、祸福。

[6]纪：人的寿命的计算单位。人活十二年叫做一纪。

[7]三尸神：道教神灵。道教认为，人的身体中有三条虫，称为上尸、中尸、下尸，又称"三彭"或"三虫"，分别居于人体上、中、下三田，属魂魄鬼神。据说三尸神每到庚申日便上天庭诉人罪过，欲使人早死。故求仙之人必须去除三尸，广积众善，才能得道成仙。去除三尸的方法为，在庚申日这天，修道者须昼夜静坐不眠，持经诵咒，防止三尸神待人熟睡后离开人体上天告状。这样持之以恒，就可使三尸自灭。道教称此为"守庚申"。

[8]庚申日：庚为天干第七位，申为地支的第九位。古人以天干（甲乙丙丁戊己庚辛壬癸）和地支（子丑寅卯辰巳午未申酉戌亥）相互搭配，组合成六十个干支数，用来纪年、纪日，周而复始，循环使用。道教认为，每个庚申日是天神决断人的善恶的日子。

[9]天曹：曹，官府、衙门。天曹意为天上的衙门。

[10]月晦：指一个月的月末，即阴历每月的最后一天。

[11]道：道理。在这里具体指该篇所提出的善恶标准。

[12]不履邪径，不欺暗室：履，践踏、踩，引申为实行、做之意。邪，不正当、邪恶。径，小路。欺，欺骗、遮瞒。暗，昏暗、不公开。室，房室。此两句意为，不要走邪路，做不好的事情，即使

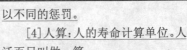

太上感应篇

劝善书

注译

〇四七

劝善书

注译

〇四八

横取人财者，乃计其妻子家口以当之，[45]渐至死丧，若不死

《太上宝筏图说》中的"无故杀龟打蛇"图

丧，则有水火盗贼，遗亡器物，疾病口舌诸事，以当妄取之直。[46]又枉杀人者，是易刀兵而相杀也。[47]取非义之财者，譬如漏脯救饥，[48]鸩酒止渴，[49]

《太上宝筏图说》中的"取非义之财者"图

非不暂饱，死亦及之。[50]夫心

是没有人看见，也不可做欺昧良心之事。

[13]积德累功：积，积蓄、积累。德，恩德、恩惠。累，堆叠、积累。功：功劳、功勋。此句意为，做好事善事要坚持不懈，由少到多，从低到高，日积月累，自然就会功德圆满，得到鬼神的嘉奖。

[14]慈心于物，忠孝友悌：慈心，慈爱、慈悲之心。物，天地间存在的一切，即人与万物的总称。忠，尽心竭力，忠于君主。孝，尽心奉养和绝对服从父母。友，爱、亲、顺之意。悌，顺从，弟弟顺从兄长。忠孝友悌是指一种伦理道德观念，这两句的意思是说，对于天地万物都要有慈爱之心，对于君主应尽忠，对于父母应奉养和绝对服从，对于朋友应友爱，弟弟对于兄长应顺从。

[15]正己化人，矜孤恤寡：正，端正、纠正。化，教化、感化。矜，怜悯、同情。孤，幼年失去父亲的儿童，老来无子的人。恤，体恤、怜悯；救济、周济。寡，死了丈夫的女人。

[16]不彰人短，不衒己长：彰，明、显扬。短，不足、缺陷。衒，炫耀、自夸。长，长处，专长。

[17]福禄：福，全寿富贵之意。禄，福气、官位、赏赐。

[18]冀：望之意，即期望、盼望。

[19]天仙：称飞升天上的神仙，道教认为的功德最为圆满而得道白日升天者，神仙等级中的最高级。

[20]地仙：称长生在世、游行于人间的神仙，神仙等级中第二级，次于天仙。

[21]苟或：假设、如果、设使怎么

起于善,善虽未为,[51]而吉神已随之。或心起于恶,恶虽未为,而凶神已随之。其有曾行恶事,后自改悔,诸恶莫作,众善奉行,久久必获吉庆,所谓转祸为福也。故吉人语善、[52]视善、行善,一日有三善,三年

《太上宝筏图说》
中的"故吉人语善、视善、行善"图

天必降之福。凶人语恶、[53]视恶、行恶,一日有三恶,三年天必降之祸。胡不勉而行之。[54]

* * *

样之意。

[22]壅塞:堵塞、阻塞之意。

[23]讦:攻击或揭发别人的短处。

[24]苟免:侥幸逃脱之意。

[25]失便:有不得意、不顺遂的事。

[26]埋蛊厌人:蛊,古人所说的害人的毒虫,后来引申为指一种妖术,即用木头刻人像,写上所憎恨对象的名字,并书写符咒在上,埋于地下,使其遭受病痛或

死亡。厌:厌胜,为一种妖术或诅咒。

[27]恚怒:恚,恨,抵触、冲撞之意。恚怒,指怀恨在心。

[28]谗毁:说别人的坏话,造谣生事。毁,诽谤,讲别人的坏话。

[29]鄙怀:鄙,庸俗、浅陋。怀,心里包藏着的某种思想感情、情绪。鄙怀,意指心中所蕴藏的庸俗、浅薄的感情。

[30]鉴猥事:鉴,察,照。猥,鄙陋、污秽。鉴猥事,即察照鄙陋、污秽的事情。

[31]假:借之意。

[32]谩蓦:谩,欺。蓦,骗。谩蓦,即欺骗之意。

[33]咒诅:咒,祝告之意。诅,诅咒之意。咒诅,即向神灵告状,罚咒以明心迹之意。

[34]越井越灶:越,即跨之意。道教认为,井有井神,灶有灶神,从井、灶上跨过,是对神极端无礼的亵渎行为。

[35]跳食跳人:跳,跨过之意。食,吃的东西、粮食。此句意为:浪费、糟踏粮食,戏侮人。

[36]行多隐僻:行,做、行为。隐:不光明。僻:不正大。此句意为做事不光明正大。

[37]晦腊:晦,农历每月的最末一天。腊,指元旦、端午、七夕、十月朔、年底。这些日子,在道教看来,都是天神考察人善恶的时候,人们应当端洁正行,不能歌舞以亵渎神灵。

[38]朔旦号怒:朔,指每月的初一。旦,指清晨。号,怨恨之声。怒,发脾气、恼怒。道教认为,朔旦是总结自己功过的时候,应当倍加虚心静气,

细检自己的行为得失。在这个时候气恼、怒骂，是对神灵大不恭敬。

[39]对北涕唾及溺：涕，挤鼻涕、流泪。唾，吐唾沫。溺，小便。道教认为，天的北方是众神所居之地，因此，面北流眼泪、挤鼻涕、吐唾沫、小便等，都是对神的亵渎。

[40]八节行刑：八节，指农历的立春、立夏、立秋、立冬、春分、秋分、夏至、冬至八个时日。道教认为，此是诸神记录人罪过的日子，各种刑罚都应禁绝，否则会招致祸患。

[41]唾流星、指虹霓、辄指三光：虹霓，即彩虹。古人认为是斗星的余气，红白色的叫虹，青白色的叫霓。三光，日、月、星。流星、虹霓、日月星都是天的精气灵光，如对它们吐唾沫、用手指，是一种不敬的行为，对它们的不敬，就是对天神的不敬，是要受到神的惩罚的。

[42]春月燎猎：春月，指春天。燎，放火，此指放火烧山。猎，打猎。古人认为春季是万物生发、鸟兽虫鱼等等发生胎孕的时节，此时放火烧山、打猎是违背天道的。道教认为此是莫大的罪愆。

[43]司命：道教所指的掌管人的寿夭之神灵。

[44]余责：剩余的罪责，道教认为一个人如犯了种种罪恶，天神不久要对此人进行责罚，而这种责罚还要延及其子孙后代。

[45]当：判罪。

[46]直：通"值"，价值。

[47]易：换。

[48]漏脯：指被从房屋顶上漏下的雨水而弄脏、有毒的干肉。脯，干肉之意。

[49]鸩酒：鸩，有毒的鸟。鸩酒，把毒鸟的羽毛放入酒中而制成的毒酒。

[50]及：至，到来之意。

[51]未为：没有做。

[52]吉人：吉，吉祥、吉利。吉人，即善人，得善报的人。

[53]凶人：凶，不吉祥、凶恶。凶人，即恶人，不得善报的人。

[54]胡不勉：为什么不尽力、努力。胡，为什么。勉，尽力、努力。

文昌帝君阴骘文注译

佚　名　著

唐大潮　注译

文昌帝君阴骘文[1]

帝君曰：吾一十七世为士大夫身[2]，未尝虐民酷吏[3]。救

文昌帝君像

人之难[4]，济人之急[5]，悯人之孤[6]，容人之过[7]，广行阴骘[8]，上格苍穹[9]。人能如我存心[10]，天必锡汝以福[11]。于是训于人

《阴骘文图说》中的"于公治狱"图

文昌帝君阴骘文

文昌帝君说：我做士大夫已有十七世，然而，从来没有虐待过百姓和残暴地对待下级官员。常常解救陷入危难境地的人，慷慨解囊帮助处于困境的人们，并且对失去父母的孤儿深怀同情之心，宽容地对待他人的过失、错误，大量地、默默地做各种善事。我之所以如此，是因为这样的行为是符合天意的，人们如果能够像我一样，天必定会赐给大家幸福。于是留存以下的教诲给世人，这就是：从前于公治狱有方，其子孙皆获高官厚禄；窦禹钧救人于危难之中，做种种善事，不但自己享高寿，而且五个儿子也登科入仕，成为朝廷高官；宋郊救蚂蚁免暴雨之灾，而得中状元；孙叔敖埋葬死亡的蛇，而做了宰相。总而言之，要想获得幸福，必须心存善念，时时刻刻为他人着想，默默地做种种有利他人、有益于外物的善事，做善事也就是求取幸福。做君主的，应当公正无私，替天教化百姓；应当怀着慈爱之心治理国家，造福于百姓。做臣子的，应当忠于君王；做儿女的，应当孝顺父母；做弟弟的，应当敬重兄长；朋友之间，应当讲求信用。崇信道教的人，应当虔诚地奉真朝

曰：昔于公治狱[12]，大兴驷马之门[13]；窦氏济人高折五枝之桂[14]；救蚁中状元之选[15]；埋

《阴骘文图说》中的"救蚁中状元"图

蛇享宰相之荣[16]。欲广福田，须凭心地[17]，行时时之方便[18]，作种种之阴功[19]，利物利人[20]，修善修福。正直代天行化[21]，慈祥为国救民[22]，忠主、孝亲、

《阴骘文图说》中的"奉真朝斗"图

斗；崇奉佛教的人，应当虔诚地拜佛念经，以报答天地、君王、父母、师长的恩德，广泛地推行儒、释、道三教。救人于危难之中如同从干涸的车辙中救鱼，从陷入密网之中救鸟雀，怜悯孤儿，体恤失去丈夫的寡妇，尊敬老人，怜惜穷苦人。筹措衣食以周济流离失所的路人，施舍棺木收敛尸骸。自己家富不应忘记受穷的亲戚，应当加以提携、帮助，当遇到粮食歉收的荒年时，应当拿出钱、粮救济四邻亲朋。与人交易时，斗秤应当公平，不可以轻出重入。对待婢仆所犯过失应当宽恕，怎么能够苛求责备？多多印造佛经道书，修造寺庙道观；施舍药材以拯救身患疾病而又穷苦的人，为过路人免费提供茶水以解除他们的渴烦。或者将被人捉住的生灵买下，放其回归山林河泽；或者持斋而不杀生；走路时要经常留心脚下，以免踩伤虫子蚂蚁；严禁点火焚烧山林，以免伤害林中生物。夜间点灯置于路旁以方便夜行的人，修造船只以救济欲渡河的人。不登山捕捉鸟兽，不毒杀鱼虾，不宰杀耕牛，不乱抛弃字纸，不设计谋取他人财产，不嫉妒他人的技能，不非礼他人的妻女，不挑唆他人争斗打官司，不破坏他人的名利，不破坏他人的婚姻，不因为私仇而挑唆他人兄弟不

敬兄、信友。或奉真朝斗[23]，或拜佛念经，报答四恩[24]，广行三教[25]。济急如济涸辙之鱼[26]，救危如救密罗之雀[27]，矜孤恤寡[28]，敬老悯贫。措衣食周道路

《阴骘文图说》中的"敬老悯贫"图

之饥寒[29]，施棺椁免尸骸之暴露。家富提携亲戚[30]，岁饥赈

《阴骘文图说》
中的"施茶水以解渴烦"图

和，不贪图小利使他人父子不亲近，不倚仗权势欺辱善良之人，不依恃财富欺凌贫穷之人。亲近善良的人，激励自己的德行更高而有利于身心；远避恶人，杜绝迫于眉睫的灾祸。经常隐恶扬善，不能口是心非；剪除阻碍道路的荆棘，清除占据路途的瓦石，修筑百年崎岖的道路，建造千万人往来的桥梁，为众人造福。流传下教训以纠正人们是非上的偏差，捐资帮助遇到困难的人，以成全他人之美，做任何事情都须遵循天理，说话要顺人心，在日常生活中，要事事以圣人为榜样，谨慎自己的行为，不可欺人欺己。不做任何一件恶事，奉行种种善举，则永远没有灾祸降临，常常会有吉神给以保护。祸福的报应近则会显现在自己身上，远则会显应在儿孙身上。总而言之，百福到达，千祥聚集，难道不都是由于天神暗地里的决定?!

* * *

注释：

[1]道教劝善书的一种，简称《阴骘文》。作者及成书时间皆不详，有人说成书于宋代，有人说成书于明代。此文在明清时于社会产生较大影响，可谓家喻户晓，以致有许多人为此文作注，比较著名的注释为清代赵如升撰的《阴骘文像注》四卷，荣柱《阴骘文图说》四卷，费丹旭绘图，许光清集

劝善书

注译

济邻朋[31]。斗称须要公平，不可轻出重入。奴仆待之宽恕，岂宜备责苛求。印造经文，创修寺院，舍药材以拯疾苦，施茶水以解渴烦。或买物而放生[32]，或持斋而戒杀[33]，举步常看虫蚁[34]，禁火莫烧山林。点夜灯以照人行，造河船以济人渡。勿登山而网禽鸟，勿临水而毒

《阴骘文图说》
中的"勿登山而网禽鸟"图

鱼虾，勿宰耕牛，勿弃字纸，勿谋人之财产，勿妒人之技能，勿淫人之妻女，勿唆人之争讼，勿坏人之名利，勿破人之婚姻，勿因私仇使人兄弟不和，勿因小利使人父子不睦[35]，勿倚权势而辱善良，勿恃豪富而欺穷困。善人则亲近之，助德行于身心；恶人则远避之，杜灾殃于眉睫[36]。常须隐恶扬

证、裘元辅书的《阴骘文图证》一卷。这三个注本，除对原文从文字上加以注释外，皆附有图画表现某个故事，以说明原文每句的含义，图文并茂，劝人行善积德。

《阴骘文》的基本内容是以通俗的形式劝人行善积阴德，认为"百福骈臻、千祥云集"皆是从"阴骘"中来，并提出"近报则在自己，远报则在儿孙"的天人感应的报应论思想，从而反映了道教的人生哲学及宗教伦理道德。该文对我们今天认识传统伦理思想、民众心理及民俗等，具有重要作用。

文昌帝君：道教崇奉的神灵，被认为是中国古代学问、文章、科举士子的守护神。追溯该神的来源，它是"文昌星神"与四川地方神"梓潼神"相结合而成的。文昌本为古代星名，在天象中，北斗魁星附近有文昌六星，六星中的"司禄"星主人的贵贱爵赏，"司命"星主人的寿年。帝君是指梓潼神，本为四川地方守护神，名张亚子（或张恶子）。传说他为报母仇，从越嶲岭迁居梓潼，曾为晋将，战死后，蜀人为之立祠祭祀。唐代屡次显灵，唐玄宗和僖宗相继封为"左丞相"、"顺济王"。宋代重视科举取士，社会上祀祷神灵保佑功名利禄之风盛行，张亚子祠被认为最有灵验，致有"士大夫过之，得风雨送，必至宰相；进士过之，得风雨必至殿魁"之说。宋元道士便造作了假托梓潼神降笔的《清河内传》及《梓潼帝君化书》，称玉皇大帝委任梓潼神掌管文昌府和人间禄籍，司文人之命。元仁宗加封为"辅元开化文昌司禄宏仁帝

君"。此后，文昌星遂与梓潼神合而为一。明代"天下学宫皆立文昌祠"，清代，每到农历二月三日文昌帝君诞辰日，朝廷都要派官员前往祭祀。文昌帝君信仰在社会上流行甚广，几乎各地都建有大量的文昌庙奉祀文昌帝君。现在四川梓潼县七曲山有古文昌宫一座，被视为文昌帝君的发祥地。

阴骘：骘，意为"决定"、"确定"。阴，意为"暗中"、"暗地里"。"阴骘"一词源于《尚书•洪范》："惟天阴骘下民"，意思是说冥冥之天在暗中保定人们。后来这一词意被发展为天神在暗地里决定人们的一切命运，诸如福禄寿命等。

[2]世：指父子相继为一世。士大夫：指读书做官的人。此句意为，文昌帝君说他自己做士大夫已有十七世。

[3]未尝：从来没有。虐：虐待。酷：暴虐。吏：指低级的官员。此句意为：文昌帝君认为他作为上级官员，从来没有虐待百姓，粗暴地对待下级。

[4]救：解救。难：危险，困难。此句意为，解救人们所遇的危险、困境。

[5]济：帮助，接济。急：危急，困难。此句意为：当人们处于紧急的境地，遇到急需别人帮助的时候，自己慷慨解囊，将遭受危难的人从困境中解救出来。

[6]悯：怜悯，同情。孤：失去父母的儿童。此句意为：同情失去父母的儿童。

[7]容：宽容，容忍。过：错误。此句意为：对别人的错误能够宽容。

[8]广：大，扩大。行：做，执行。此句意为：大量地做善事，以求得天神

《阴骘文图说》
中的"勿淫人之妻女"图

善，不可口是心非，剪碍道之荆榛[37]，除当途之瓦石[38]，修

《阴骘文图说》
中的"剪碍道之荆榛"图

数百年崎岖之路，造千万人来往之桥。垂训以格人非[39]，捐资以成人美，作事须循天理，出言要顺人心，见先哲于羹墙[40]，

《阴骘文图说》中的"见先哲于羹墙"图

慎独知于衾影[41]。诸恶莫作，众善奉行，永无恶曜加临[42]，常有吉神拥护，近报则在自己，

《阴骘文图说》中的"常有吉神拥护"图

远报则在儿孙。百福骈臻[43]，千祥云集[44]，岂不从阴骘中得来者哉！

降福。

[9]格：到。苍穹：天。此句意为：（大量地做善事）就能上到天，与天相配，获得福报。

[10]存：保有。此句意为：人们如能够像我（文昌帝君）一样时时以善事为念，心存善念。

[11]锡：赐给。此句意为：天必定赐给你幸福。

[12]昔：过去，往日。于公：指汉代东海郯人于定国之父，于定国之父曾经做管理县狱的官员，在职期间，善于判断冤狱，不草菅人命。

[13]驷马：套着四匹马的车，此为做高官者的象征。此句与上句相联意为：过去有一个当狱史的于公，因为治狱多有阴德，其子孙皆获高官厚禄。

[14]窦氏：名窦禹钧，渔阳人，年三十无子，一日夜，梦其祖父告曰："汝无子，又不寿，宜早修德"。于是，自此以后，窦禹钧广行善事，不可胜计，后获子嗣，并高寿，其五个儿子皆登科入仕，为朝廷高官。

[15]蚁：蚂蚁。相传宋郊、宋祁两兄弟同在太学读书，有一个和尚预言说，宋郊只能登科甲，宋祁却能中状元，但后来却是宋郊中了状元，原因就在于宋郊曾在一次大雨中救了遭水淹的蚂蚁，积下了阴德，故天给予嘉奖。

[16]楚人孙叔敖，幼时出外玩耍，曾见一两头蛇死于路旁，遂将其掩埋。由此积下阴德，长大之后做了楚国的宰相。

从"昔于公治狱兴驷马之门"句至"埋蛇享宰相之荣"句，是以五个事例来讲行善积阴功，必得天的厚报，劝诫世人多行阴骘。

[17]福田：指种植福报的田地。此句意为：要想扩大获得福报的机会，就必须求之于自己的"良心"。

[18]行：做。此句意为：时时刻刻为人排除困难，提供方便。

[19]阴功：以至诚之心，做各种好事而不求人知晓，但天却是知道的。此句意为：默默地以不欺诈的至诚的心做各种好事。

[20]利：有利于。此句意为：做对别人和事物都有利的事。

[21]正直：公正无私。此句意为：公正无私就能与天相通而教化流行。这是因为，天本来就是公正无私的，故人能正直无私，做任何事情都合乎天心。

[22]慈：慈爱。祥：吉利，吉祥。此句意为：应当怀着慈爱之心治理国家，造福于人民。

[23]真：道教名词，泛指一切神祇。斗：指北斗神。此句意为：崇奉神灵，朝拜北斗神。

[24]四恩：指天地恩、国王恩、生身父母恩、师长恩。

[25]三教：汉代儒者认为夏朝崇尚忠，商代崇尚敬，周朝崇尚文，故以忠、敬、文为三教。自东汉佛教传入我国后，称儒、佛、道为三教。《北史·周纪》下载："帝升高座，辨释三教先后，以儒教为先，道教次之，佛教为后。"在这里三教之意是指儒、道、佛。

[26]涸辙：水干了的车辙。

[27]密：稠密，细密。罗：捕鸟的网。密罗：即稠密的网。

[28]矜：怜悯，同情。恤：体恤，怜悯，救济，周济。

[29]措：安置，安排，筹划办理；周：周济，救济。

[30]提携：带领，携带。

[31]赈：救济。

[32]此句意为：将被人捕捉出售的有生命的东西，如鸟兽虫鱼等，自己花钱买下放归山林，免其死亡。

[33]持斋：坚持斋戒，比如说吃素、不杀生、诵经等等，皆谓之持斋。

[34]举步：行走。此句意为：行走时要注意留心不可伤着虫蚁。

[35]睦：和好，亲近。

[36]眉睫：形容事情的急迫、紧急。

[37]荆榛：泛指丛生的荆棘。

[38]当途：占着道路。

[39]垂：流传。训：教导，教诲。格：正，纠正。此句意为：留下教诲以纠正人们是非上的偏差。

[40]羹：用肉或菜等做成的带汁的食物，即我们现在所说的"汤"。《后汉书·李固传》谓："舜食则见尧于羹，坐则见尧于墙"。尧、舜都是古代有德行的圣人。此句意为：时时处处都要以圣人为自己行为的楷模。

[41]衾：被子。影：身体的影子。此句意为：一个人当自己独处的时候，更应慎重，不能有任何自欺的行为。

[42]曜：指日、月、星。恶曜：指专司灾祸的神灵。

[43]骈：两马并驾一车，成双，成对的。臻：到，到达。此句意为：许多的幸福就会成双、成对地来到。

[44]云集：比喻许多人或事物聚集在一起。

文帝孝经注译

佚　名　著

唐大潮　注译

劝善书

注译

〇六三

文帝孝经[1]

开经启[2]

浩浩紫宸天[3]，郁郁宝华筵[4]，文明光妙道[5]，正觉位皇元[6]，振嗣恩素重[7]，救劫孝登先[8]，大洞完本愿[9]，应验子心坚[10]。

文昌帝君像

注释：

[1]《文帝孝经》，据明代少保大学士耶浚仲所著《文帝孝经原序》称"宋西山真先生言是经……"语，可知其出现时间在宋代，作者不详，该经托文昌帝君之口，劝导世人尽孝。全书分为六章，讲述"父母育子之劳，曲尽其心；人子体事之怀，精悉其义，纲维至性，经纪民物，达自一孝，唯诸万事。挚而加切，约而加详，广宣孝化，敷扬妙道，集众教之大成，而创千古之子则也"。由此可见其书的主要内容在于向世人推崇孝道。该书认为，若世上人能遵守孝道，就能够"家国

文帝孝经

开经启

广大而宽阔的紫宸天，香气浓郁的宝华筵，文德辉耀的奇妙之道，达到彻悟道的真谛的文帝是善的楷模，他对于人们子孙后代素来有着深重的恩泽，人们要从一切灾难和祸患中解救出来首先必须行孝，至高无上的道由于帝君而完成了它本来的愿望，帝君提倡的孝道灵验无比，人们应该按照帝君的训诲去做，信心坚如磐石。

* * *

贺太平，放之充海宇，广之塞乾坤，孝行满天下，尘寰即帝京"。该书语言平实易懂，在社会上有较大影响。

[2]开经：本指道士诵经之时，首先当烧香拜经前，叩齿五次，微祝咒诀完毕，开经，然后才能诵读此经。在这里，开经启即是用于正式经文前的一种文体，多为诗词歌赋的形式，起概括正文的作用。

[3]浩浩：原意为水大的样子，引申为广大之意。紫宸天：道教天界名，为神仙居住的地方。

[4]郁郁：香气浓烈的样子。宝华筵：神仙的酒席。

[5]文：文化，礼乐典章制度。明，智慧。文明：即指社会发展到较高阶段和具有较高文化水平。

[6]正觉：佛的十种名号之一。梵语三菩提的义译。佛教徒认为能够洞明真谛而达到大彻大悟的境界为正

觉。后被道教借用过来，指彻悟道的真谛而达到修道的最高境界。元，善之长也，元为万化之祖宗。皇，大。元皇：即指善之大者，在这里实是指文昌帝君。

[7]振嗣：振兴子孙后代。

[8]劫：道教指天地改变之名。泛指一切灾难、祸患。

[9]大洞：指至高无上之道。

[10]应验：预言得到证实。

劝善书

注译

〇六四

育子章第一 [1]

真君曰：乾为大父 [2]，坤为大母 [3]，含宏覆载 [4]，胞与万有 [5]，群类咸遂 [6]，各得其所。赋形为物，禀理为人，超物最灵，脱离蠢劫，戴高履厚 [7]，俯仰自若 [8]，相安不觉，失其真性。父兮母兮 [9]，育我者宏，两大生成，一小天地 [10]，世人不悟，全不知孝，吾今明阐 [11]，以省大众 [12]。乾坤养物 [13]，劳而不劳；父母生子，不劳而劳，自字及妊 [14]，自幼迄壮，心力所注 [15]，无有休歇 [16]。十月未生，在母胎中，母呼亦呼，母吸亦吸，耽娠如山 [17]，筋疼血滞 [18]，寝处不舒 [19]，临盆性命，若不自保 [20]，父心关恻 [21]，母体担虞 [22]，纵令易诞 [23]，费尽劳苦。若或迟久，不行分娩，艰难震恐，死中幸生，几舍其母 [24]，始获其子。一月暗居 [25]，三年乳哺，啼即怀抱，犹恐不调 [26]，睡令安寝，戒勿动摇，含食以饲 [27]，贴衣以

第一章 育子

帝君说：天是最大的父亲，地是最大的母亲，含宏覆载万事万物，孕育着世间的一切，万物生灵全都顺利地成长，各得其所。它们赋予万物以形体，给人以智慧，使人成为万物中最具灵性的物类，把人从愚蠢的劫难中解救出来，能够头顶高天，脚踏大地，俯仰都得心应手。然而，人们对这一切却浑然不觉，认为是理所当然的，这样一来，就失去了其本来的真性。大父啊大母啊，你们育我的恩情是多么的宏大，正是由于你们才生育了我，给了我身体和智慧。可是，生活在世上的人们对于这些完全不懂得，不知孝为何物，现在，我就来给大家阐明，使大家能够省悟。

天地育养万物，似辛劳而又不辛劳；父母生育子女，似不辛劳而又辛劳，从怀孕到生产，从幼年至壮年，父母都倾注了无数的精神和力气，从来没有停息的时候。子女在母亲怀胎十月之时，存在于母亲的腹中，随着母亲的呼吸而呼吸，这时，

裹，谅其饥饱[28]，适其寒暑[29]，
痘疹关煞[30]，急遽惊悸[31]，咿唔
解语[32]，匍匐学行[33]，手不释
提[34]，心不释护[35]。子既年长，
恐其不寿[36]，多方保持，幸而
克佑[37]，筹划有无[38]，计其婚
媾[39]，厥龄方少[40]，诸务未晓[41]，
一出一入，处处念之，绸缪咨
嗟[42]，谆谆诫命[43]，亲心惆怅[44]，
子方燕乐[45]，教之生计[46]，教之
成业[47]。母诞维艰，父诲匪易[48]。

女孝经图卷

虽至英年[49]，恤若孩提[50]，食
留子餐，胜如己餐；衣留子衣，
胜如己衣。子若有疾，有可代
者，己所甘受。子若远游，行旅
风霜，梦寐通之[51]；踰期不归，
睛穿肠断。子有寸善[52]，夸扬
乐与[53]；子有小过，回护遮盖，
暗自伤心，恐其名败。子惟贤

胎儿就像大山一样压在母亲身
体上，使得母亲筋骨疼痛，气血
不畅，睡觉行动都十分不舒服。
到了生产的时候，母亲有着性
命之忧，不能保全，父亲心里关
怀忧痛，母亲身体担着忧患，即
使能够顺利地生产，亦是费尽
了辛劳。若是迟迟不能分娩，母
亲艰难震惊恐惧，死里逃生，几
乎死去，才获得孩子。母亲生下
了孩子，还要在房中休养一月，
给婴孩哺乳三年，婴孩啼哭的
时候立即抱入怀中安抚，犹恐
孩子不舒服；睡觉时想方设法
使其能够睡好，不使有一点声
响摇动；把食物放在自己口里
嚼烂喂养孩子；为使孩子免遭
寒冷而贴身抱裹，推想孩子的
饥饱，保证孩子的冷热适宜；在
孩子出麻疹和天花的紧要关
头，非常担惊受怕；在孩子咿唔
学语，匍匐学习走路的时候，父
母手不离孩子左右，心里时刻
警惕保护孩子的安全。随着孩
子渐渐成长，又恐怕其不能成
人，四处想尽办法加以保护。侥
幸能够长大成人，又为其筹划
衣食，为其盘算婚姻；当子女年
纪还轻，各种事务都还不通晓
的时候，对其一出一入、一举一
动，处处心里挂念、担心，长嘘
短叹，缠绕心头，对其教诲不
倦，父母的心里时刻担扰。当孩
子初成人时，又教导其谋生的
办法，使其事业有成。由此看

劝善书

注译

能，父母有赖[54]；子若不肖[55]，父母谁倚[56]。（子）若妄为，父母身危，作事未事，俱切亲情。芽栽苗培，堂基构植，母勤子生，父作子述，其行其志，不厌其苦，怜子念子，何时放置，形或暂离，心恒无间[57]。贵如帝王，神如天亶[58]，显如公卿，贱如编户[59]，愚如齐氓[60]，皆如是心。混沌初分[61]，亘古及今[62]，普天匝地[63]，绵绵恻怛[64]，父母之心，无不如是。如乾覆物，如坤载物，和蔼流盈[65]，充塞两间[66]，莫大慈悲，无过亲心[67]。

孝经图卷

即说偈曰[68]：万般劳瘁有时休[69]，育子辛勤无尽头，字怀耐苦终无厌[70]，训诲循徐不惮求[71]，一叶灵根非易植，穷年爱护几曾优[72]，子俱亲自身

来，母亲生育子女非常艰辛，父亲教诲子女亦非常不容易。即使子女到了成年，父母对其仍像对幼孩那样体贴入微，好吃的留给子女吃，犹如胜过自己吃；好衣留给子女穿，犹如胜过自己穿。子女如果有了疾病，父母恨不能代子女受病痛的折磨，心甘情愿。子女如果出远门，父母即使在睡梦中也挂念其旅途的风霜之苦，如果子女在预定的日期没有回来，父母盼望得眼穿肠断。子女如果有了一点点好的行为，父母就会四处夸扬并予以奖赏；子女犯有小的错误，做父母的总是加以掩藏遮盖，暗地里伤心，唯恐其声败名裂。做子女的只有贤良能干，父母才有依靠；子女如果不成器，那么，叫父母去依靠谁呢？做子女的如果违背事理妄做妄为，就会危害父母，无论是在做事还是没有做事的时候，都要想到自己的言行是与父母亲情密切相关的。就像栽培植物、构筑房基一样，父母养育子女，是不厌其苦的，怜惜挂念子女，有时不得不放置一旁，或者不得不暂时分离，但父母的心却从来没有远离。即使是尊贵如帝王，神圣如天神，显赫如公卿，低贱如平民，愚蠢迟钝如未开化的野人，只要是做父母的，其对子女都如同上述一般。在天地产生之始，自古及

栽养,亲老心犹为子寿[73]。

又说偈曰:真诚一片结成慈[74],全无半点饰虚时,慈中栽养灵根大,生生不已自无涯[75]。

灵慈神咒:佛菩萨菩提心[76],大罗会上陀罗尼[77],一切救苦难,无过我亲心[78],圣主仁君,救济生灵,不忍一匹之不生[79],无如爱子心,靡所不至诚[80],推极仁惠者[81],孰能踰二人。

注释:

[1]育子:养育、教育子女。

[2]乾:八卦之一,代表天,阳性。

[3]坤:八卦之一,代表地,阴性。

[4]含:包含。宏:广大,宏大。意为包含一切。覆:遮盖。载:装载。覆载:意为遮盖装载一切。

[5]胞:孕育。

[6]咸遂:全都顺利地成长。

[7]戴高:头顶高高的天。履厚:履,踩。意为:脚踩厚厚的地。

[8]自若:无拘束,得心应手。

[9]兮:语气词,相当于现代汉语中的"啊"、"呀"。

[10]两大:即父母。小天地:指人身。

[11]明阐:明白阐述,说明。

[12]省:省悟,觉悟。

[13]乾坤:即天地。

[14]字:嫁。妊:怀孕。

[15]心力:心(精神)的力量。

[16]休歇:停止,间断。

[17]耽:沉溺。

文帝孝经 / 劝善书 / 注译

今,整个天地,绵绵不绝地恻怛子女,做父母的都无不如同这样。就像天覆盖万物,地装载万物,和气慈爱充满天地之间,最大的慈悲,也无过于父母爱子之心。

现在,我以偈语说:万种劳苦困痛都有停止的时候,养育子女的辛勤劳苦却永无尽头,生育孕子吃苦耐苦从来不会厌倦,循循耐心训诲子女从不畏惧去寻求,培养子女智慧聪明不是容易的事情,即使到了生命尽头也从来没有犹豫不决,子女都是父母亲身养育,父母双亲自己老了而心却为子女的寿命担忧。

我又有偈语说:一片真诚结成慈爱之心,完全没有半点矫饰虚伪的时候,慈爱中养育子女聪慧成人,一代一代地继承下去没有尽头。

灵慈神咒说:佛菩萨的慈悲心,大罗会上的大陀罗尼,一切救苦救难的菩萨,都不能超过我父母的爱心,圣明的君主仁慈的皇帝,救济一切生灵,不忍心哪怕是一个生物不能生长,但是都比不上父母爱惜子女的心,这个爱心没有一点不是至高的真诚,推求到仁惠的极点,谁也不能超越父母二人的爱心。

文帝孝经

劝善书

注译

〇六七

劝善书

[18]滞:不流畅。

[19]舒:舒展。

[20]若:连词,相当于现代汉语中的"或"。

[21]关恻:关心,悲痛。

[22]虞:忧患。

[23]易诞:顺利分娩。

[24]几:差一点,几乎。

[25]暗居:指妇女分娩后坐月子。

[26]不调:不调和,不舒服。

[27]饲:喂养。

[28]谅:推想。

[29]适:适合,适宜。

[30]关煞:紧急、危急关头。

[31]惊悸:因惊慌、害怕而心跳。

[32]咿唔:象声词,小孩学话的声音。

[33]匍匐:伏在地上爬行。

[34]释提:放手。

[35]释护:放弃保护。

[36]不寿:长不大。

[37]克:能够。

[38]筹划:谋划,计划。

[39]计:盘算,谋划。婚媾:结婚。

[40]厥:语气词。

[41]诸务:各种事情。

[42]绸缪:缠绕,挂念,担心。咨嗟:嗟,叹息。

[43]谆谆:教诲不倦。

[44]亲心:父母之心。恫怅:伤感。

[45]燕乐:安乐。

[46]生计:生存的方法,谋生的手段。

[47]成业:成就事业。

[48]匪易:不容易。

[49]英年:壮年时期。

[50]孩提:小孩子。

[51]梦寐:睡觉做梦。

[52]寸善:一点点善的行为。

[53]夸扬:夸赞,宣扬。

[54]赖:依靠。

[55]不肖:指儿子不像先辈,即儿子不成器。

[56]倚:依靠。

[57]无间:没有间隔。

[58]亶:诚,信。

[59]编户:编入户口的平民。

[60]齐氓:野人,未开化的民族。

[61]混沌:指天地开辟以前的状态。

[62]亘古:自古以来。

[63]普:全面,整个。匝:圆,环绕。

[64]恻怛:悲痛,忧伤。

[65]和蔼:和气,慈爱。盈:充满。

[66]两间:天地之间。

[67]无过:不能超过。

[68]偈:本指佛教经籍中的唱词,后道教经书亦借用了此种表达形式。

[69]劳瘁:劳苦,困病,忧伤。

[70]字怀:生子怀胎。

[71]不惮求:不畏惧寻求。

[72]穷:穷尽。优:犹豫不决。

[73]寿:寿命。

[74]慈:慈爱。

[75]生生:无止境地生长。

[76]菩萨:梵语"菩提萨埵"的简称,在佛教中指地位仅次于佛的人。

[77]陀罗尼:即大陀罗尼,佛陀的咒语。

[78]亲心:指父母对子女的爱心。

[79]匹:量词,计算马的头数的单位,在这里泛指一切动物。

[80]靡：无，没有。

[81]推极：推求到极点。

体亲章第二[1]

真君曰：前章所言，不止育子，直将子心，亲曲体之[2]。凡为人子，当以二亲，体我心者，还体亲心。体我此身，骨禀父生[3]，肉禀母成，一肤一发，或有毁伤，亲心隐痛，子心何安？心为身主[4]，太和蕴毓[5]，父兮所化，母兮所育，一有不孝，失亲本来。孝先百行[6]，根从心起，定省温清[7]，时以敬将[8]；每作一事，思以慰亲，每发一言，思以告亲[9]；入承亲颜[10]，亲欢我顺，亲愁我解；出必告

百孝图说·老莱子舞彩娱亲

亲，恐有恶行，以祸亲身[11]，归必省亲，恐有恶声[12]，以拂亲心[13]。力行戒惕[14]，随时加惕[15]，口业不干[16]，身业不作[17]，恐有意业[18]，欺亲欺身，恐有心业[19]，

第二章 体亲

文昌帝君说：前面一章所说的，不仅仅是讲父母养育子女，而且是直接清楚地讲明父母能够曲折周到地体谅子女的心。凡是作为子女的，都应当以父母体谅自己的心情来体谅父母之心。就我的身体来说，骨是禀承父亲而生成，肉是禀承母亲而生成，我们每一块皮肤，每一根毛发，如果有一点点损伤，双亲心中暗自苦痛，那么，做子女的心里怎么能够安定？心是身体的主宰，生成万物的元气蕴含生机，父啊化生母啊孕育，一旦有不孝，就是失去了双亲的本性。孝是各种事情中最首要的，根本在于心，每日问候双亲冷暖，时时恭敬扶持；每做一件事情，都要想到安慰双亲；每说一句话，都要想到告诉双亲；回到家里要使父母高兴，双亲高兴我高兴，双亲忧愁我为之化解；出门必向双亲告知，恐怕有不好的行为，使双亲受祸害；外出归来必向双亲问安，恐有咒骂声，违背双亲心意。处处戒除邪念，随时加以警惕，不犯口业，身业亦不作，又恐有意业，欺骗双亲和自己，恐怕犯心业，连累自己和双亲。我有兄弟，同

劝善书

注译

累身累亲。我有手足[20]，父母一体，异母兄弟，总属天伦[21]，恐有参商，残亲支体[22]；叔伯同根，宗族一家，恐有乖戾[23]，伤亲骨肉；祖曾上人[24]，恐失奉事，悖亲孝思[25]；子孙后裔，恐失字育，断亲嗣脉，恐失教训，败亲家规；子侄世系，恐失敦睦[26]，贻亲庭衅[27]；我夫我妇，子媳之职，恐失和敬，致亲不安。我有姻娅[28]，属亲至戚，恐失夙好[29]，至亲不宁。上而有君，为亲所主，恐有不忠，致亲以逆[30]；下而民物，与亲并育，恐有不恤，损亲之福；外而友朋，为亲之辅，恐有不信，绝亲友道；师为我法[31]，即为亲箴[32]，事恐失贤[33]，以违亲训；匪人壬人[34]，亲之所远，交恐不择，以累亲志[35]。仰而天高[36]，帝位乎上，日月星斗，亲所敬畏，恐有冒渎[37]，妄干天怒，致重亲辜[38]；俯而地厚，群生资始，亲所奉履[39]，恐有亵侮，业积暴殄[40]，致延亲祸；中而神祇[41]，司我亲命[42]，恐有过犯，致减亲纪[43]。一举一动，总期归善，以成亲德[44]。我亲有善，身顺其美，救人之难，即是亲救；济人之急，即是亲济；悯人

出自父母，而异母兄弟，总是自然存在的伦常关系，恐怕有像参商的行为，残害如同双亲肢体的异母兄弟；叔叔伯伯是同根相生，属于同一个宗族，恐怕有所违背，伤害双亲骨肉兄弟；对祖先上辈之人，恐怕有失事奉，违背双亲的孝思；对子孙后代，恐怕有失生育，断绝双亲后嗣血脉；又恐怕有失教训，败坏了双亲的家规；对于子侄等，恐怕有失和睦，遗留给双亲家族灾祸；作为丈夫和妻子，担负着儿子和媳妇的职责，恐怕相互间有失和气相敬，致使双亲心不安；我有连襟，属于至亲爱戚，恐怕失去平素的交好，致使双亲不得安宁。再往上说，国家有君主，为双亲的主宰，恐怕有所不忠，致使双亲犯叛逆之罪；往下说有民众万物与双亲相并而育，恐怕有不恤之处，损毁双亲的福气；往外说还有朋友，为双亲的辅助，恐怕有失信用，断绝双亲与朋友的交往；老师为我所效法，即是双亲的规劝，事奉老师恐怕有失贤德，违背双亲的训诲；行为不正和巧言谄媚的人，为双亲所远避的，恐怕自己在交友时不慎与此类人有来往，连累损毁双亲的志向。抬头仰望可见天之高远，上帝就住在其上，日月星斗，双亲敬畏，恐怕有所冒犯亵渎，引起天帝的震怒，以致加重双亲的罪

之孤,即是亲悯;容人之过,即是亲容。种种不一,体亲至意。亲或有过,委曲进谏[45],俟其必改[46]。以善规亲,犹承以养,养必兼善,方得为子。人各有亲,曷不怀思[47],父母在日,寿不过百,惟德之长,垂裕弥遐[48],是以至孝。亲在一日,得养一

百孝图说·李密辞官养祖母

日,堂上皆承,膝下完聚[49],人生最乐,惜此光阴,诚不易得,玉食三殽[50],勺水一菽,各尽其欢。加餐则喜,减膳则惧,贫富丰啬,敬无二心。愿亲常安,恐体失和,疾病休戚[51],常系子心,一当有恙[52],能不滋虞[53],药必先尝,衣不解带,服劳侍寝,愈则徐调[54],食不轻进,相其所宜;尚或不痊,延医询卜[55],酒不沾唇,至心祷祝,殚厥念力[56],以求必痊。终天之日[57],饮食不甘,哭泣失音,衣衾棺椁,多方自尽[58],三年哀痛[59],

过;俯看地是多么的深厚,万物生灵由此开始,双亲事奉,恐有所亵渎不恭,积下灭绝的罪业,致使灾祸延及双亲;天地之间有天神地祇,主掌我及双亲的生命,恐有过失错误,以致双亲的年寿被减夺。总而言之,我的一举一动,都期望归于善,以成全双亲的德行圆满为目标。我的双亲有善举,我能够顺着去做以成双亲的美德;救济患难之人,即是双亲救人患难;将他人从急难中解救出来,即是双亲救人急难;悯惜他人的孤苦,即是双亲悯人孤苦;宽容他人的过失,即是双亲宽容他人过失。凡此种种,不一一而举,总之是体恤双亲行善的至诚心意。如果双亲有了什么过错,我应当委婉地进行规劝,等待其一定改正,以善来规劝双亲,犹如侍养双亲的衣食住行,而侍养双亲必须兼以善,才是双亲真正的子女。人人都有各自的双亲,怎么能不挂怀思念,父母生在世上,就是长寿也不过百岁,惟有德行才是永恒长存,所以说是真正的孝。双亲活在世上一天,就侍养一天,在父母面前,儿孙皆应使他们高兴,团团圆圆。这是人生最乐的事情,应该爱惜光阴,这是去而不复的,每天有很好的饮食,或仅是一勺粗茶淡饭,都能各尽其欢乐。有好的饮食可以令人喜欢,不

文帝孝经

劝善书

注译

〇七二

晨昏设荐^[60]，佳茔厚穴^[61]，安置垄坵^[62]，礼送归祠^[63]，亲魂有托，庙享墓祭，四时以妥；去亲日远，追思常在，形容面目，若闻若见，动息语默，寻声觅迹，中心勿忘^[64]，抱慕如存^[65]。生死同情，幽明一理，孝道由基，大经斯彰。嗟尔人子^[66]，纵能如是，体之亲心，未及万一。

百孝图说·黄家瑞割股医母

偈曰：幼而得亲全，安乐不之晓，设无双亲在，饥寒难自保，遭此伶仃苦^[67]，方思亲在好。

又说偈曰：嬉嬉怀抱中^[68]，惟知依二亲，何至长大后，渐失尔天真^[69]，我亲既生我，我全不能孝，云何我养儿，我又恤之深，反观觉愧悔，方知父母恩。

又说偈曰：室家是亲戚^[70]，岂是离亲地，莫道风光好，遂把亲欢易，贫贱是前因^[71]，岂

得不减少饮食是令人忧惧的，然而，无论贫穷还是富足，丰足还是俭省，只要是对父母恭敬而无二心，那就是孝了。只愿双亲身体、精神常常安乐，恐惧双亲身体不调，关心忧惧双亲患有疾病，这时常系挂在子女心中，一旦双亲有了小病，怎么能够不心里忧伤。侍奉双亲疗病，药必自己先尝，衣不解带，辛劳服侍安寝。病愈之后，则慢慢加以调养，饮食不敢随意，要看其适不适宜，是否有利病体的康复；如果不能痊愈，就请医告神，酒不沾唇，以至诚的心祷祝，竭尽心力，求得神明的保佑，渴求必定痊愈。当父母辞世之时，饮食亦失去了味道，痛哭以致音哑，想方设法，尽心安排衣衾棺椁，悲痛守丧三年，早晚供献灵前，选择好的坟地，修建好的墓穴，安置于垄丘，按礼送其牌位归祠，使双亲的魂灵有所依托，庙享墓祭，春夏秋冬四时安妥；双亲亡故日久年深，追悼思念之情常在，音容笑貌，时时如闻如见，动息语默，寻声觅迹，衷心不忘，心怀仰慕如同父母生前。生死如同一情，阴间同阳世同一道理，孝道由此奠基，孝道的规则就会得到彰明。感叹你们这些做子女的呀，即使能够按照这些道理去做，体恤双亲之心，也不到万分之一。

偈说：幼小时双亲健在，全

是父母遗，生不托亲体，我并无人身，莫怨生我苦，修来自有畀[72]，富贵是亲培，岂是骄亲具[73]，亲若不教我，何有富贵遇，报本正在此，赤胆安可替[74]，最易忘亲处，万宜加省惕[75]。

百孝图说·朱寿昌弃官访母

真君曰：子在怀抱，啼笑嬉戏，俱关亲心，实惟真挚，为人子者，能如是否，试一念之，何能暂释。父母强健，能嬉能笑，能饮能食，子所幸见；父母渐衰，嬉笑饮食，未必如常，子心所惕，责我不楚[76]，怜亲力弱，嗔我声微，怜亲气怯[77]，愈加安养，勿致暂劳；父母逝世，苦无嬉笑，及我颜色，苦无怒詈[78]，及我身受。纵有厚禄，亲不能食，纵有锦帛，亲不能被[79]。生不尽欢，追思何及，逝者念子，存者念亲，祭享悠远，隔不相见，思一慰之，悲哀天地，言

不懂得安乐从何而来，假设双亲没有了，受饥受寒自己生命亦得不到保全，只有遭受了这样的孤独无靠之苦，才思想双亲健在的好处。又有偈说：玩耍于双亲怀抱中，只知依恋父母，为何在长大成人后，渐渐失去了天真，我的父母既生育了我，我却完全不能对他们尽孝，为什么我自己的子女，我又能够怜爱至深？回过头来反思自己对待父母的行为，觉察到应该感觉惭愧和后悔，才知道父母的恩情。又有偈说：妻子的娘家是亲戚，出了嫁的女儿离开娘家并不是离开了双亲，不要认为丈夫家的日子好，就把对父母的喜爱改变。贫贱是前世的因缘，富贵亦是上天的给予。我来到世上如果不是托双亲，我并不会有人的形体。莫要抱怨自己出生在贫寒之家，只要能够修善积德，上天一定会给予回报。富贵是双亲培养，哪里能把它作为向父母炫耀的本钱，如果不是双亲的教育，哪里有富贵的夫家能够相遇。报答父母的根本就在这里，赤子忠诚的勇气没有什么能代替，在最容易忘却双亲的地方，尤其应该加以警省。

文昌帝君说：还在父母怀抱的幼子，啼哭欢笑嬉戏玩耍，都关连着双亲的心，实在是非常天真挚诚的。作子女的，能否像天真可爱的幼儿那样呢，试着想想看，能不能够做到一点点。父母

文帝孝经

劝善书

注译

〇七二

念斯苦，实难为子。

百孝图说·欧宝庐墓虎助祭

乃说偈曰：亲昔养儿日，岂比强壮年，我方学语处，亲疑我啼也，我方跬步时[80]，亲疑我蹶也[81]，我方咿唔处，亲疑我疾也，我方思食处，亲知我饥也，我方思衣处，亲知我寒也。安得本斯志，体恤在亲先。亲今且垂暮[82]，亦岂强壮比，欲将饲我者，奉亲膳食时，欲将褓我者[83]，侍亲寝息时，欲将顾我者，扶亲衰老时，欲将育我者，事亲终天时。何者我曾尽，全然不之觉，生我何为者，能不中自作。

孝子明心咒：以此未及万一心，时时处处体亲心，当思爱养恩情大，每想怀耽乳哺深[84]，日在生成俯仰中，覆载风光父母仁，何殊群物向春晖[85]，切切终身抱至诚。

身体强壮健康，能够嬉戏欢笑，能喝能吃，做子女见到父母这个样子是非常幸运的；父母日渐衰老，嬉笑饮食，不见得能够与往日一样，在这样的时候，子女心中就应该有所警惕；当父母无故责怪我时，应当怜悯双亲力气衰弱，小声嗔怒我时，应该怜悯双亲气息不足，应该更加安抚侍养他们，不使他们有一点劳累；父母逝世，听不见他们使我能够欢颜的嬉笑声，应当感到痛苦；听不到他们责骂我的声音，我不能亲受，应当感到痛心。即使我做了高官，有丰厚的俸禄，然而双亲却不能吃到，即使有锦帛好衣，而双亲却不能穿。父母生前我不能尽其欢，追思也是来不及，死去的父母系念着子女，活着的子女思念双亲，父母的魂灵与我相隔长远，不能相见，就是想着加以抚慰，悲痛哀切也无处可寻。思念之苦，实在难为了做子女的。

于是有偈说：双亲昔日养育子女的时候，那时，我还是幼小的孩子，怎么能够与现在已是壮年的我相比，我刚刚开始学说话，双亲却担心我是不是在啼哭；我刚刚开始学步，双亲却疑心我会摔倒；我刚刚有了咿唔之声，双亲怀疑我是否有了疾病；我刚刚思想吃东西，双亲就知道我是饿了；我刚刚想加衣，双亲就知道我的寒冷。怎

注释:

　　[1]体:设身处地替别人着想。

　　[2]曲:曲折周到。

　　[3]禀:受,承受。

　　[4]主:主宰,起支配作用。

　　[5]太和:指生成万物的元气。蕴毓:蕴藏孕育。

　　[6]百行:各种各样的事情、行为。

　　[7]清:寒冷,凉。

　　[8]将:扶、持。

　　[9]告亲:告诉父母。

　　[10]承:奉承。

　　[11]祸:祸害。

　　[12]恶声:咒骂声。

　　[13]拂:违背。

　　[14]慝:邪恶,邪念。

　　[15]惕:警惕。

　　[16]干:冒犯、冲撞。

　　[17]身业:"三业"之一,谓身体所行的杀盗邪淫,如果犯了此三业,死后必堕地狱。

　　[18]意业:"三业"之一,谓思想中的贪、嗔、痴。

　　[19]心业:与"意业"同义。

　　[20]手足:兄弟姊妹。

　　[21]天伦:自然存在的父母兄弟儿女等关系。

　　[22]支体:人的四肢及身体。

　　[23]乖戾:违背,不讲情理。

　　[24]上人:这里指分高的长辈。

　　[25]悖:违背。

　　[26]敦睦:厚道、和睦。

　　[27]贻:遗留。衅:罪过、灾祸。

　　[28]姻娅:姻亲、连襟。

　　[29]夙好:平素的交好。

　　[30]逆:背叛、叛逆。

　　[31]我法:我效法的榜样。

么能够不继承双亲的志向,首先体恤双亲。双亲如今已到垂暮之年,怎么能与强壮时相比。就像双亲养育我那样,侍奉双亲的膳食;就像双亲褓养我那样,侍奉双亲寝息;就像双亲照顾我那样,扶侍衰老的双亲;就像双亲养育我成人那样,事奉双亲终养天年。这一切我何曾尽力做过,完全不觉,双亲生我是为了什么,能不从中想到自己应该怎么做。

　　孝子明心咒说:以此来做也未及双亲爱我之心的万分之一,时时处处都应当体恤双亲的心意,应当想到双亲爱我养我的恩情大,每每想双亲呵护乳哺我的深情,每日都生长在天地之中,覆载着无限的风光和父母的仁爱,为什么不像万物那样向往春日的阳光,牢牢地记住胸怀至诚之心到终身。

　　　　　*　　*　　*

　　[32]亲箴:父母的规劝。

　　[33]事:奉事。

　　[34]匪人:行为不正的人。壬人:巧言谄媚的人。

　　[35]累:带累,祸害。

　　[36]仰:抬头。

　　[37]冒渎:冒犯亵渎。

　　[38]辜:罪。

　　[39]履:实行,做。

　　[40]暴殄:凶恶残酷地灭绝。

　　[41]神祇:天神地祇。

劝善书

注译

[42]司：主管，掌管。

[43]致：导致。

[44]德：功德。

[45]委曲：说话委婉。进谏：规劝某人改正错误、过失。

[46]俟：等待。

[47]曷：为什么。

[48]弥遐：长久，久远。

[49]膝下：谓在父母面前。

[50]玉食：好的饭菜。殽：煮熟的鱼肉。

[51]休戚：喜庆和悲伤。

[52]恙：患病。

[53]滋虞：滋长忧患。

[54]徐调：慢慢调养。

[55]延医：请医生。询卜：用龟壳来占卜吉凶。

[56]殚：竭尽。

[57]终天：死亡。

[58]椁：套棺的外层。自尽：尽最大的努力。

[59]三年哀痛：古时候，父母死后，做子女的要守丧三年。

[60]设荐：进献祭品。

[61]佳茔：好的墓地。厚穴：修建好墓穴。

[62]垄坵：坟墓。

[63]归祠：送归祠堂。

[64]中心：心中，心里。

[65]抱慕：怀着思念。

[66]嗟：叹息。尔：你们。

[67]伶仃：孤独的样子。

[68]嬉嬉：游戏，玩耍。

[69]天真：真实，真诚，心地单纯。

[70]室家：指妻子的娘家。

[71]前因：前世的因缘。

[72]畀：给与。

[73]骄亲具：向父母炫耀的本钱。

[74]赤胆：忠诚的勇气。

[75]省惕：反省、警惕。

[76]不楚：衣冠不整。

[77]气怯：胆小。

[78]怒詈：怒骂。

[79]被：披在身上或穿在身上。

[80]跬：半步。

[81]蹶：跌倒。

[82]垂暮：临近年老。

[83]褓：指婴儿。

[84]怀耽：沉溺在母亲怀中。

[85]春晖：春天的阳光。

辨孝章第三

真君曰：吾今阐教，以示大众，亲存不养，亲殁不葬[1]，亲祚不延[2]，无故溺女，无故杀儿，父母客亡[3]，骸骨不收，为大不孝。养亲口体[4]，未足为孝，养亲心志，方为至孝；生不

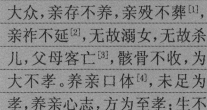

第三章 辨孝

文昌帝君说：我今天阐发教义，以便展示给大众。双亲活在世上的时候，不尽心侍养；双亲亡故，亦不为其下葬，致使双亲的福气不能长久；无缘无故地溺死女婴，杀死儿子；父母客死他乡异地，亦不去收埋骸骨。

〇七六

能养，殁虽尽孝，未足为孝，生既能养，殁亦尽孝，方为至孝。生我之母，我固当孝，后母庶

百孝图说•杨乙行乞养双亲

母[5]，我亦当孝。母或过黜[6]，母或载嫁[7]，生我劳苦，亦不可负[8]。生而孤苦，恩育父母，且不可忘，何况生我。同母兄弟，我固当爱，前母兄弟，我亦当爱；同气姐妹，我固当和，连枝妯娌[9]，我亦当和。我生之子，我固当恃[10]，前室遗子，我亦当恃。众善家修，无不孝推，如是尽孝，始克为孝[11]，始知百行，惟孝为源。我孝父母，不敬叔伯，不敬祖曾，于孝有亏；我孝父母，不和姻娅，不睦乡党，于孝有亏；我孝父母，不忠君上[12]，不信师友，于孝有亏；我孝父母，不爱人民，不恤物命，于孝有亏；我孝父母，不敬天地，不敬三光[13]，不敬神祇，于孝有亏；我孝父母，不敬圣贤

这都是最大的不孝。只是侍养父母穿衣吃饭，并不就是做到了孝；只有能够体恤双亲的心志，才为最大的孝。父母过世时虽然能够尽孝，亦并不就是做到了孝，只有在父母无论是生前还是死后，都能够孝顺如一，这才是真正地达到极致的孝。我的亲生母亲，我固然应该尽孝；后母和庶母，我也应当尽孝。生养我的母亲因过失而被黜，或者改嫁，但母亲生育我的劳苦，也是不可背弃的。幼年就失去父母而孤苦伶仃，恩爱养育我的养父母，都不可忘记，何况是亲生的母亲？同母所生的兄弟，我固然应当友爱，但是前母所生的兄弟，我亦应当友爱；血脉相同的姐妹，我固然应当友爱，但对于兄弟的妻子，我也应该和睦相处。我自己生的子女，我固然应该倚恃，前妻遗留下的子女，我亦应该倚恃。一切善行全家都修持，孝自然会得到推广，按照这个样子来尽孝，才能够真正为孝，才知百行之中惟有孝是源头。我孝敬父母，而不孝敬叔伯，不敬祖先，就于孝有亏缺；我孝敬父母，而不和顺姻亲，睦邻乡亲，就于孝有亏损；我孝敬父母，而不效忠君王，对师友不讲信用，就于孝有亏缺；我孝父母，而不爱人民，不恤物命，于孝有亏缺；我孝敬父母，而不礼敬天地、日月星三光，灭神地祇，就于孝有欠缺；我孝敬父母，而不

文帝孝经

劝善书

注译

〇
七
八

不远邪佞，于孝有亏；我孝父母，财色安贪，不顾性命，知过不改，见善不为，于孝有亏；淫毒妇女，破人名节，于孝有亏；力全名节，于孝更大。奉行诸善，不孝吾亲，终为小善；奉行诸善，能孝我亲，是为至善。孝之为道，本乎自然，无俟勉强[14]，不学而能，随行而达，读书明理，因心率爱，因心率敬，于孝自全。愚氓愚俗，不雕不琢，无乖无戾[15]，孝理自在，苟具灵根，知爱率爱，知敬率敬，于孝可推。孝庭子容，孝妇壸仪[16]，孝男端方[17]，孝女静贞；孝男温恭，孝女顺柔；孝子诚恳，孝妇明洁，孝子开先，孝孙录后；孝治一身，一身斯立；孝治一家，一家斯顺；孝治一国，一国

女孝经图卷

敬奉圣人贤人，不远远离开邪恶妄见，就于孝有亏损；我孝敬父母，而不顾性命地追求金钱美女，知道自己有了过错却不思悔改，见到应该实行的善事却不做，这就于孝有亏欠；奸淫毒害妇女，破坏人家的名声和节操，这于孝有亏损；而竭力维护妇女名节，对于孝来说是大而又大的。虽然奉行各种善事，然而却不孝敬自己的双亲，终究只是一点小善；奉行各种善事，而且能够孝敬父母，才是至大的善。孝之所以成为"道"，是来源于自然（天地），无有一点点勉强，是不学而能，随着行为就能达到的。读书明白事理，用心来统率爱、敬，自然能够使孝圆满。没有文化的一般民众，没有经过刻意地雕琢，却能够行为不乖戾，明白孝的道理，是因为他们具有智慧的根性，知道用爱来统率爱，用敬来统率敬。这样，孝就可以得到推广。做家长的能够行孝，做子女的就有可能行孝，媳妇的行为就合乎做媳妇的礼仪，儿子的行为就端重大方，女儿就会文静贞洁；儿子就会温良恭敬，女儿就会顺从柔和，媳妇就会明白事理，行为端洁。儿子率先行孝，孙子就会继承；用孝来治身，身就可以立正；用孝来治家，全家就会和顺；用孝来治国，国家就会充满仁爱；用孝来

斯仁；孝治天下，天下斯升[18]；孝事天地，天地斯成。通于上下，无分贵贱。

偈曰：世上伤恩总为财，诚比诸多尤为急。相通相让兄和弟，父母心欢家道吉。财生民命如哺儿，禄奉君享如养亲。本之慈孝为源流，国阜人安景物熙[19]。

又说偈曰：子赖亲安享，不思尽孝易。若或罹困苦[20]，方知尽孝难。难易虽不同，承顺是一般。

又说偈曰：今为辨孝者，辨自夫妇始。孝子赖贤助[21]，相厥内以治[22]；后惟尽其孝，君得成其绪[23]；妇惟尽其孝，夫得成其家，同气因之协，安亲无他意。自古贤淑妻，动即为夫规，上克承姑顺[24]，下克抚媳慈，从来嫉悍妇，动即为所惑，承姑必不顺，抚媳必不顺，惟尽为妻道，方可为人媳，惟尽为媳职，方可为人姑，身有为媳时，亦有为姑日，我用身为法，后人无不格[25]。嫔妃与滕妾[26]，致孝以安命，妇德成夫行，化从阃中式[27]，所系重且大，淑训安可越[28]。

又说偈曰：辨之以其心，

治理天下，天下就会升平；用孝来事奉天地，天地就会成立。总之，孝是一切的本源，它可以通达于天地，无有贵贱之分。

偈说：世上的恩情的伤害总是由于金钱的缘故，这比各种事务尤为关键。兄弟之间应该相互没有隔阂，相互谦让，父母心里欢喜而家庭也会吉庆。用钱财养育人民的生命就如哺乳幼儿，做高官事奉国君就如同侍养双亲一般。总之以慈爱孝道为源流，国家就会强盛，人民就能够安居乐业，万物万事就光明兴盛。

又有偈说：子女是依赖双亲而平安成家立业，不要认为尽孝是一件容易的事情。只有遭受了困难和劳苦，才会知道尽孝的困难。难和易虽然不相同，但承欢顺从父母却是没有不同。

又有偈说：今天我辨别什么是孝，是从夫妇关系着手的。孝子有赖于妻子的帮助，互相帮助就能够使家庭得到治理；做皇后的惟有尽孝，做皇帝的才能继承好先皇传下的事业；做妻子的惟有尽孝，丈夫才能把家治理好，夫妻因为孝才能同气相协，安养双亲并无别的心思。自古以来贤惠善良的妻子，其行动合乎丈夫规范，对上能够顺承婆婆的欢心，对下能够安抚慈爱媳妇；而自古以来嫉妒泼悍的媳妇，其行动就为邪

文帝孝经

劝善书

注译

〇八〇

女孝经图卷

毋使有不安；辨之以其行，毋使有或偏；辨之以其时，毋使有或迁；辨之以其伦[29]，毋使有或间。大小各自尽，亲外罔所愆[30]，诚伪在微茫，省惕当所先。

又说偈曰：亲怀为己怀，至性实绵绵，即是佛菩萨，即是大罗仙[31]。

纯孝阐微咒：万般切己应为事，俱从一孝参观到，胸中认得真分晓，孝上行来总是道。

注释：

[1] 殁：死。

[2] 祚：福。

[3] 客亡：在他乡死亡。

[4] 口体：吃饭穿衣。

恶所迷惑，不能够顺承婆婆的心意，对媳妇亦不能安抚慈爱，惟有尽力按照做妻子的道理行事，才可能做人家的媳妇；惟有尽力履行做媳妇的职责，方才可能做人家的婆婆。一个女人，既有做媳妇的时候，亦有做婆婆的日子，只要自己能够以身作则，自己的后人才有行为的标准。做嫔妃的和做妾的，只有行孝才能安身立命。妻子的德行能够辅助丈夫的成功，一切都是从内室行为标准而来，关系重大，做女人的训条怎么可以超越。

又有偈说：从心来辨别孝，千万不能使心有所不安分；从行为辨别孝，千万不能使行为有所偏颇；从时间来辨别孝，千万不要使本有的孝行改变；从条理来辨别孝，千万不要使本有的孝行错乱。男女老少各自尽孝，家里家外都无有过失，真诚和作伪只在微茫之间，反省警惕应当在行动之先。

又有偈说：以双亲的情怀为自己的情怀，最真诚的本性实在是绵绵不绝，这就是得道的佛菩萨，这就是成道的大罗仙。

纯孝阐微咒说：万种关切自己和应当做的事，全都是从孝来观见到的，胸中认清了它的真正的道理，只要是以孝为行动准则就合乎道。

[5]庶母：父亲的妾。

[6]过黜：犯有过失而被休贬。

[7]载嫁：改嫁。

[8]负：违背，背弃。

[9]姒娣：兄和弟的妻子的合称。

[10]恃：依恃，依靠。

[11]克：能够。

[12]君上：君主，皇帝。

[13]三光：日、月、星。

[14]勉强：硬要，迫使，不是发自内心做某事。

[15]戾：不讲情理。

[16]壶：投，投合。

[17]端方：举止端庄大方。

[18]斯：就。升：太平。

[19]熙：光明，兴盛。

[20]罹：遭受困难或不幸。

[21]贤助：贤慧妻子的帮助。

[22]相厥：互相帮助就……。

[23]绪：前人留下来的事业。

[24]姑：丈夫的母亲。

[25]格：标准。

[26]媵：妾。

[27]阃：妇女居住的内室。式：标准、模范。

[28]淑训：对妇女的德行进行规范的好的训诲。

[29]伦：条理，顺序。

[30]愆：过失，差错。

[31]大罗仙：即修道有成的人。

守身章第四

真君曰：所谓孝子，欲体亲心，当先立身[1]。立身之基，贵审其守[2]。无身之始，身于何始？有身之后，身于何育？有挟俱来，不可或昧。当思在我，设处亲身，爱子之身，胜于己身，苦苦乳哺，望其萌芽，冀具成材，寸节肢体，日渐栽培，何一非亲。身自劳苦，得有此身，亲爱我身，如是之切，保此亲身，岂不重大，守此亲身，尤当倍笃[3]。尊规合矩，如前所为，矜骄不形，淫佚不生，嗜欲必节[4]。父母之前，声不高厉，气不麤

第四章 守身

文昌帝君说：什么是孝子，就是把体恤双亲的心志，作为立身的首务的人。立身的根本，最宝贵的是慎重自己的操守。没有人身的初始时，身体是从哪里来的呢？有了人身之后，身体又是怎么得到养育的？这都是有一定的原因，不可以欺骗自己的心智。应想想自己，再设身处地想想双亲，父母爱护子女，胜于对自身的爱，艰辛的哺乳，期望他渐渐成长，希冀子女都能成为有用的人。我的身体，哪怕是寸节肢体，日渐得以成长，哪一点不是靠了双亲的栽培养育。双亲自身劳苦，才有了

暴[5]，神色温静，举止持祥，习久自然，身有光明，九灵三精[6]，保其吉庆，三尸诸厌[7]，亦化为善，凡有希求，悉称其愿，兢兢终身[8]，保此亲体，无亏而归，是谓守身。苟失其守[9]，块

百孝图说·王祥卧冰求鲤鱼

然躯壳，有负父母，生而犹死，抑知人生[10]。体相完备，即有其神，每日在身，各有处所，一身运动，皆神所周[11]。神在脏腑[12]，欲不可纵；神在四肢，刑不可受，纵欲犯刑，非伤即死。凡有身者，所当守护，守真为上[13]，守心次之[14]，守形为下[15]。愚夫匹妇，无所作为，亦足保身，何尔聪明，奸为妄作，昧性忘身[16]，沉溺欲海，全不省悟。大罗天神，观见斯若，发大慈悲，降生圣人，以时救度。惟兹圣人[17]，躬先率孝，加检必谨，加恤必至，不忍斯人，堕厥亲身，一切栽持，遂其所守，种种

我的存在，双亲爱我是多么的关切。好好保护自身，怎么不关系重大。守持好双亲给我的身体，尤其应当加倍地坚定。行为举止应遵规合矩，如果按前面所说的种种合乎孝道的规范去做，不自高自大，目中无人，不生淫佚的邪念，节制自己的嗜好和欲望，在父母面前，没有恶言恶语，脾气不粗暴，神色温和宁静，举止安祥，久而久之就成为自然而然的习惯。这样，身体就光明，九灵三精等天神就会保佑你吉祥喜庆；而三尸等等恶鬼邪神，亦会化恶为善，你希望得到的东西，都会如愿以偿。小心谨慎地终此一生，保守好双亲所给的身体，就能够没有一点点亏损而回归自然，这就是守身。如果失掉了这些，徒具躯壳身躯，就会有负于父母，虽生犹死，哪里懂得什么人生？形体相貌完备，就是有神，它每天都在你身中，各个部位都是它的处所，身体的运动，都是由神主宰的。神存在于五脏六腑，不可以纵欲；神存在于四肢，不可以受到刑罚的伤害，放纵欲望，触犯刑法，不是受到伤害就是死亡。因此，凡是有身体的人，都应当尽力守护，能够守真为最上乘，守心次之，守形最次，愚蠢的男人和妇人，并没有什么大的作为，亦可以做到保身，为何你是这么的聪明，却要去

孝顺,当身体物,体在一身,化在众生,畀兹凡有,同归于道,身居不动,肆应常普[18],如是守身,是为大孝。

百孝图说·吴猛代亲供蚊噆

即说偈曰:亲视子身重,常视己身轻,人何仅负己,损身背吾亲,莫将至性躯,看作血肉形,今生受用者,夙世其灵根[19]。

又说偈曰:一切本来相,受之自父母,谓身即亲身,人犹不之悟,谓亲即身是,重大不可误,完厥惺惺体[20],尽我所当务,无量大道身,圆满随处是。

又说偈曰:同此亲禀受,一般形体具,善哉孝子身,超出浮尘世[21],以兹不磨守,保炼中和气[22],真培金液形[23],元养玉符体[24],广大不可限,生初岂有异。

孝子金身咒:惟此光明孝

做奸妄不法之事,欺瞒心性忘却保身,沉溺于欲望的汪洋大海,却不知道反省和醒悟。大罗天神,看见这些,发出了大大的慈悲之心,从天上降生下圣人,以期时时对身遭苦难的人进行救度。惟有这样的圣人,亲自率先行孝,谨慎努力检察自己,加倍体恤人,不忍心看到世人把双亲给予的身体堕落,栽培扶持一切,帮助他们顺利地实现保持身体。各种符合孝道的事情,把握身体,体恤万物,以身为本体,化导众生,给与一切存在,使其同归于道,守身不动,不顾一切地应对事物,常常使其光芒普照,如像这样守身,那就是大孝。

偈说:双亲非常看重子女的身体,经常忽视自己的身体,人们为什么反而要背叛自己,损坏自身而违背自己的双亲?不要将充满灵性的身躯,仅视作为血肉的形体,今生能够享用一切,是因为往世的灵根造就。

又有偈说:一切本来体相,是从父母那里得来的,说自己身体即是双亲的身体,人们一直不能明白这个道理;所谓双亲即是本身,此理重大不可有误,保全这个聪明的躯体,应当尽我当做的一切去做,成就无量大道身,圆满无缺随处可见。

又有偈说:每个人的形体都是禀承双亲而成就的,孝子之身是多么的好呀!可以超出我们生子身，果是金刚不坏身^[25]，化成即在当身内，现出千千万亿身。

注释：

[1]立身：生存。指修道者在入道门之初，皈依道、经、师三宝，信心向道。

[2]审：慎重。

[3]倍笃：加倍地坚定。

[4]嗜欲：嗜好，欲望。

[5]戆：粗鲁，鲁莽。

[6]九灵：神名，即天生、无英、玄珠、正中、子丹、回回、丹元、太渊、灵童。三精：日、月、星。

[7]三尸：即三尸神，又名三彭、三尸神、三虫。分别居于人体上、中、下三田，属于魂魄鬼神类。诸厌：各种恶鬼邪神。

[8]兢兢：小心谨慎的样子。

[9]苟失：如果失去。

[10]抑：连词，表示转折。

[11]周：给，主宰。

[12]脏腑：指人体的五脏六腑等器官。

[13]守真：指内敛静定，意守命门。

[14]守心：指保持意识思维的协调安静。

活在其中的空虚的世俗社会，并永不磨灭而存在，保住并锻炼至和谐的境界，真气培养长生不死的身体，元气涵养神仙体，广大而不可限量。然而，这样的身体最初都是与众人相同无异的。

孝子金身咒：惟有这个光明的孝子身，果真是金刚不坏之身，变化成就即是在本身之内，显现出千千万亿个身体来。

*　　*　　*

[15]守形：保养形体。

[16]昧：昏乱，愚昧。

[17]惟兹：唯有这样的。

[18]肆：不顾一切。常：经常，常常。

[19]夙世：很久以来。

[20]惺惺：聪明，机警。

[21]浮尘世：空虚的世俗社会。

[22]中和气：和谐的境界。

[23]金液形：长生不死的身体。

[24]玉符体：修炼成仙。

[25]金刚：指原始梵风之气，此气坚刚如金。

教孝章第五

真君曰：孝自性具，教为后起，世多不孝，皆因习移^[1]。意既罔觉，智又误用，圣人在上，惟教为急，教之之责，重在师傅，尤当重择^[2]。贤良之师，

第五章　教孝

文昌帝君说：孝是本性所具有的，教化则是后天的。世上多有不孝的人，都是因为习气转移。意念既不能觉悟，智慧又被误用，圣人至高无上，以教化

〇八四

化恶为善，不贤之师，变善为恶。师而不教，过且有归，教之不善，其罪尤大。不贤之师，导之匪僻[3]，引之邪佞，养成不肖，流为凶顽，越礼犯纪，妄作无忌，虽欲救之，急难格化，如是为教，罪实非轻。药石之师，惟贤是与，行己端庄，导人忠信，教不他设，孝无畸行[4]，因其本然，还所固有，朝敦夕诲，幼育长循，惟兹孝弟[5]，化行是先，虽至愚氓，无不晓习。如是为教，功实不少，为功为罪，职岂易任，惟名尊严，其实如何？孝弟是宗[6]，能孚孝者[7]，弟亦本诸。助君为理，转移风俗，全在师儒。教不可误，师不可违，自重在师，率教在弟。孝原自具，有觉斯兴。

孔子

人为当务之急。教化的责任，重要的是师傅，所以尤其应当慎重选择。贤明的师傅，能够将恶改变为善；不贤明的师傅，却将善改变为恶。师傅不教学生，有了过错尚可推卸责任；而教导学生不好的东西，其罪过是尤其重大。不贤明的师傅，会导人行为不正，引到邪佞的路上，养成学生乖僻的行为，流变为凶残顽劣之人，不受礼教的约束，违犯法纪，胡作非为而没有顾忌。对这样的人，虽然想使其变好，但急切间也难以办到。如果像这个样子为师教人，罪过实在是不轻的。真正教导有方的贤明之师，只求把良好的品质给与学生，自己的行为端重大方，教导他人亦只以忠信，不会传授不符合礼教的东西。孝是没有不规则的行为，因循人的自然本性，归还到人所固有的本性，早晨敦促去实行，夜晚让他聆听教诲；自小培育，长大就会因循而行。只有这个孝悌，是改变人的行为最居先的东西，虽然是愚氓之人也是知道要学习的。如果能像这样去教导学生，功劳实在是不小，是立功还是获罪，师傅一职岂是那么轻易就能担任。只有师道尊严的名称，它的实质又是怎么一回事呢？孝悌为一切之宗旨，如果能够以孝服人，悌亦会照此得到推行。帮助国君治理国家，改变不

偈曰：孝弟虽天性，良师当时省，一或千不孝，何能全弟行，罪愆有攸归，师实难卸任，能作如是观，训之方有定[8]。

又说偈曰：教虽赖良师，人亦当自谨，无自干不孝，徒然费师训。

注释：

[1]习移：习惯改变。

[2]重择：郑重选择。

[3]匪僻：行为不正。

[4]畸行：不规则的行为。

[5]弟：封建社会的道德内容之一，弟弟顺从兄长。

[6]宗：主旨，宗旨。

[7]能孚：能够为人所信服。

[8]定：安定，确定。

孝感章第六

帝君曰：吾证道果[1]，奉吾二亲，升不骄境，天上聚首[2]，室家承顺，玉真庆宫[3]，逍遥自在。吾今行化，阐告大众，不孝之子，百行莫赎[4]；至孝之家，万劫可消。不孝之子，天地不容，雷霆怒殁，魔煞祸侵[5]；孝子之门，鬼神护之，福禄畀之。惟孝格天，惟孝配地，惟孝感人，三才化成[6]；惟神敬孝，惟天爱孝，惟地成孝。水难出

好的风俗，完全在于以儒为师。孝不能误用，师不可违背。师亦应该自尊自爱，弟子应该遵道而行。人人都按照本性自有的孝去做，那么，人类就会兴旺。

偈说：孝悌虽然出自天性，好的师傅也应该时时省悟。只要有一个或千个不孝，怎么能够使悌行圆满？罪愆有源头，师傅实在难以推卸责任。能作这样的观察，训诲弟子才能够确定准则。

又有偈说：教化虽然有赖好的师傅，人们亦应当自己谨慎，无缘无故自做不孝的事情，师傅的教训亦是徒然无功，白费功夫。

第六章 孝感

文昌帝君说：我证真得道，侍奉我的双亲，升仙以后亦不骄矜四方，合家聚集于天上，妻妾亦承顺，玉真庆宫里，逍遥自在地过日子。我今天行事教化，向大众阐告。不孝的子女，百种善行都不能解除应受的刑罚；达到至极的孝的人家，万种劫难都可消除。不孝的子女，天地亦不容忍他，雷霆愤怒击毙，魔鬼恶神用各种祸患侵袭；孝子之家，鬼神会给予保护，福禄亦会降临。惟有孝能够感通天，惟

之,火难出之,刀兵刑戮,疫疠凶灾,毒药毒虫,冤家谋害,一切厄中,处处佑之。孝之所至,地狱沉苦[7],重重救拔,元祖宗亲,皆得解脱,四生六道[8],饿鬼穷魂,皆得超升[9],父母沉痾[10],即时痊愈。三十六天[11],济度快乐;七十二地[12],灵爽逍遥。是以斗中,有孝弟王,下有孝子,光曜乾坤,精贯两仪,气协四维[13],和遍九垓[14],星斗万象,莫不咸熙。神行河岳,海波不扬;遐荒是奠[15],遐尔均孚[16],孝之为道,功德普遍。

仙境图

偈曰:迹显心亦显,感应固神妙,若有心不孝,盗名以为孝,假以欺世人,中实难自道,迹或似不孝,身心实尽孝,

有孝能够配享地,惟有孝能够感动人,天地人三才能够生成;惟有神敬重孝,惟有天热爱孝,惟有地成就孝。无论是遭受水火之灾,还是刀兵刑戮、疾病瘟疫、毒药毒虫、冤家的谋害,总之,在一切灾厄中,只要是行孝之人,都可得到神灵的佑护。孝所到之处,沉沦于地狱的各种苦难,都会得到重重解救,祖宗双亲宗族,皆可以得到解脱,四生六道中的饿鬼穷魂,都能得到超升;父母重病,即时痊愈。三十六天中,以济度为快乐;七十二福地里,魂魄逍遥自在。所以在斗星之中,有孝弟王,在下界有孝子,光辉照耀天地,精气贯通天地之间,气协调四面八方,和气遍极九垓之内,星斗万千气象,无不安宁和美。神行遍江河山岳,海波不扬;遥远的地方会进献贡物,远近的人们都信服,可见孝作为道,其功德是非常普遍,无所不至。

偈说:神迹显现亦是人心的显现,天对人的感应固然神妙,然而如果心不存在孝,就是欺世盗名的孝,是以虚假的行为欺骗人,个中的道理实难以言说,行为好像是不孝,而身心却实实在在是孝,尘世里的俗蠢之人不明这个道理,竞相攻击,心里的念头只有向天告,惟独这两种人,感应不漏一丝一毫,天的鉴察不可预期,但福祸

劝

善

书

注

译

世人竞黜之[17]，心惟天可告，独此两等人，感不漏纤毫，天鉴不可期，祸福时昭报。

真君曰：凛哉凛哉[18]，今劝世人，遵吾修行，感应之机，速于众善。背吾所言，天条不赦，万劫受罪。夫人之生，养亲有缺，且难为子，何况世人，毁骂父母，腹诽父母[19]，亲且毁骂，殴叔詈伯[20]，弑君凌师[21]，无所不为。子在怀抱，气不忍吹，及其长也，爱之者真，训之者严。以爱子心，用之挞楚[22]。挞即是爱，嗔亦是爱[23]，即有盛怒，子惟柔顺，欲再杖时，手不能下。何尔世人，拒亲责己，如抗大敌，天怒地变，岂容大逆。子有病厄，亲处不安；何于亲疾，绝不关心。子有劳苦，亲关痛痒；何况我体，犯法极刑。子苟不育，泪不曾干，冀其重生，伤人七情。何尔世人，父母终天，未及三年，思慕中衰，飨祭失时，亲骨不葬，且干不孝。何尔世人，贫发亲塚[24]，卖穴暴露，嗟尔父母，念念及子；何尔世人，凡事用心，独于父母，有口无心，不肯实为。人之一身，诸般痛楚，何处可受，何尔化外，火焚亲尸[25]，全无隐恻，

之报应却是时时昭应的。

文昌帝君说：畏惧啊畏惧啊，现在我劝化世人，遵照我说的去做，天人感应的征兆，超过各种善，违背我的教训，上天的法规是不会赦免的，以致一辈子都会受罪。人生在世，不能很好地侍养双亲，是做子女的耻辱，更何况有那么样的人，损毁咒骂父母，在心里毁谤父母，双亲都要遭到损毁咒骂，或者是殴打叔父，咒骂伯父，进而会弑杀君主，凌辱老师，什么事情都敢去做。父母对于年幼的子女，连对其吹一口气都不忍，等到子女长大，更是从内心里加以爱护，严厉管教；从爱护子女的心出发，对子女的错误决不宽恕，甚至加以鞭打。这样的鞭打亦是对子女的爱，怒骂亦是爱。父母就是对子女勃然大怒，做子女的也应当柔顺。这样，父母要想痛打时，也不能够下手。为什么你们这些俗人，拒绝双亲的教诲，并且不对自己的不当行为进行指责，对这一切如同对待大敌一样加以对抗？天地对这样的行为是非常痛恨，怎么能容忍这样的大逆不道。子女有了疾病灾厄，双亲坐立不安；为什么在双亲患了疾病时，子女却绝不关心。子女有了病痛，双亲对其的关切就像是自己的病痛一样，何况是我犯法，身体受极刑（父母该有多么痛

美名火葬，于心最忍。夫人之死，口不能言，肢体难动，心实不死，犹知痛苦，过七七日[26]，心之形死，其形虽死，此心之灵，千年不死，火焚而炽，碎首裂骨，烧筋炙节，立时牵缩，心惊肉跳，若痛苦状，俄顷之间，化为灰烬。于人且惨，何况我亲。仰知冥狱，首重子逆，开罪本慈，人自罪犯，多致不孝，自罹冥法[27]。人尽能孝，多致善行，地狱自空。一节之孝，冥必登记，在在超生，诵是经者，各宜省悟。苟无父母，乌有此身，报恩靡尽，衔慈莫极，人果孝亲，惟以心求，生集百福，死到仙班，万事如意，子孙荣昌，世系绵延，锡自斗王，是经在处，

地狱卷轴

文帝孝经

劝善书

注译

〇八九

苦）；子女不成器，父母眼泪还没有干，就期望能获得重生，悲伤愁苦，损伤父母之情。为什么有不孝之人，在父母终天亡故后，还没有三年，对父母的思念慕想就衰减了，该缯祭时不缯祭，不安葬双亲骨骸，且尽干不孝之事？为什么这些不孝之子，在贫穷的时候发掘双亲坟墓，出卖墓穴，使父母尸身暴露？可叹父母，即使死后也念念不忘其子女。为什么世上的人，对一切事情都肯用心，独独对于父母，却是口是心非，不肯为父母尽孝做一点实实在在的事情。人的一身，各种各样的痛苦，哪一处能够承受，为什么要用火焚烧亡故父母的尸骸，一点都没有恻隐之心，并还冠以火葬的美名，这样的心肠是最狠毒的了。人死之后，口虽然不能说话，四肢也不能活动，但人的心却实在是不死的，并且知道痛苦，即使过了七七日，心的肉体虽死，但心的灵魂是千年都不会死亡的，用火来焚烧却更炽烈，砍下头颅碎裂骨骼，燃烧筋脉炙焚关节，尸身立刻就收缩，心惊肉跳，表现出痛苦之状，转瞬之间，化为了灰烬。这一切对别人来说都是凄惨的，何况是我的双亲？俯首下看可以知道地狱，首先重责的罪恶连逆罪，获罪于自己的父母自然就是犯罪。多做不孝的事就等于自己

文帝孝经

劝善书

注译

○九○

可镇经藏[28]，可概万行，厌诸魔恶，成大罗仙，长保亨衢[29]，何乐不从。

孝感神应咒：提唎提唎，人子心曲，仰事俯育，一家气和，飞鸾广度，乐恺先歌[30]，如意宝光，普照长忿[31]。提唎提唎，尽孝靡他[32]，解尽亲厄，消尽亲过，罪灭福生，孝思不磨[33]，超脱九幽[34]，永离纲罗，欲报亲慈，惟心常慕[35]。提唎提唎，至孝诚孚亲生，福禄寿增多，归去逍遥升天都，孝思不磨乐，佗娑唵娑诃[36]。但愿人子心，常如在母腹，一呼一吸中，吮血茹膏液[37]，一血一脉间，俱属在父怙[38]，情虽性发，依为命府，阴阳日月从此稣[39]，乾坤翕辟从此稣，五声六律五行稣[40]，五伦妙道从此稣[41]。太虚有尽处[42]，孝愿无嗟磨。佗娑佗娑娑佗娑佗唵唎婆唎。

孝子文印偈曰：至文本无文[43]，韫之孝道中[44]，发现自成章，司之岂容泄。天聋与地哑，非聋亦非哑。特将天地秘，不使尽人解，朱衣与魁光[45]，变幻文人心，遇彼不孝子，塞其聪明路；遇彼纯孝子，开其智慧途。凡才作仙品[46]，仙品

投入冥法的网罗。人如果都能尽孝，多做各种善行，地狱自然就会变得空空如也。有一点孝的行为，冥狱神就必会登记在册，处处超生。诵读这个经的人，各自应当反省觉悟。如果没有父母，哪里会有我身，报答父母的恩情是没有尽头的，感激父母的慈爱是没有极点的。人们真的孝敬双亲，只有用心去求取，活着百福会聚集，死后名列神仙队伍，万事无不如意，子孙繁荣昌盛，祖宗的血脉绵延永存。这一切，都是来自北斗星君的恩赐。只要是这部经书所在的地方，可以镇守佛藏道经，可以概括各种行为，厌镇一切魔鬼恶神，成为大罗仙，长久保持通达无阻，这样的乐趣为什么不去做呢？

孝感神应咒说：提唎提和，人子的心里隐藏的委曲，仰而事天，俯而育地，一家人和和气气，鸾鸟把安宁带给天下，欢快的乐曲到处飘荡，如意宝光，普照大地，长久地给人喜悦。提唎提和，尽孝不是为了别的什么，而是为了解除尽双亲遭受的灾厄，消灭尽双亲的过失，使双亲的罪过泯灭而福气生长。孝的心念不灭，就能超脱九幽，永离灾难的网罗，要想报答双亲的慈恩，只有心里常常慕恋孝道。提唎提和，诚信尽孝，就可以使双亲超生，福禄寿增多，死后亦

作凡才。文虽有高下，黜陟岂人操[47]，或因前生报，或因今生报，今生或后报，必当为孝显，文章作证明，阐扬在大道。

孝经图

孝子桂苑天香心印偈曰：我有蟾宫桂，仙品真足贵，禀蕴斗星灵，包含月华精，元和钟妙蕊[48]，枝根挺天衢，苍龙覆七曲[49]，光辉连玉宇[50]，栽得大灵根，吐兹百宝芬，一尊目天逗[51]，大地万花稠，流化在人间，所到无不周，纷纷世上胄[52]，植香岂不茂。易茂亦易落，暂而不能久，无如天上桂，一尊胜千数，愈散觉愈远，愈远觉愈悠[53]，香随九天翔，浩荡风清飚[54]，声怀万会秋，真妙永无量，名之为金粟，载之在奎斗，珍贮庆宫中，高占壁

能逍遥升至天府，孝恩之乐永不灭，佗娑唵娑诃。但愿人子的心，常常如在母亲腹中一样，一呼一吸，吸吮母亲的血液，一血一脉，都属于依仗着有父亲的扶持，情虽然是发自心性，是命的依靠，阴阳日月都是从这里得到协调，天地的动静是从这里得到调和，五声六律五行和谐，五伦妙道亦是从此得到协调。宇宙有尽头，至孝的愿望却是不磨灭的，佗娑佗娑娑佗娑佗唵唎娑唎。

孝子文印偈说：非常好的文章本自无文，蕴藏在孝道中，发现它的道理就能自然成章，实行起来是不能有一点泄漏。天聋和地哑，并不是真的聋哑，是特别为了使天地的秘密，不被一般的人解知，做官和中魁，变幻文人的心，遇到不孝的子女，就会阻塞其聪明的道路；遇到纯洁的孝顺子女，就会开辟其智慧的道路。具有平凡才智的人可以列入仙品，本来具有仙品的人却成为凡才。文章的好坏有高下之分，贬斥或提拔都不是人所能控制的，或者是因为前生而得的报应，或者是今生而得的报应。今生或者后来的报应，都必定是通过孝而得到显扬。用文章来作证明，阐扬在于大道。

孝子桂苑天香心印偈说：我拥有蟾宫桂冠，神仙品级是

劝善书

注译

楼头。不是擎元叟[55]，莫得主其有；若非植善手，莫得攀兹秀[56]。勿与轻薄子[57]，必以孝为首，莫下害良笔，莫使亵字手[58]。孝子之所为，我当赏赐厚[59]，千祥凝聚处，早把天香授，果是诚孝子，不求而自授。不孝不弟人，求攀终莫有，变孝妄行道，有必夺其有，悔逆猛从孝，无仍赐其有。圣人孝天地，大位帝眷佑，须知世所贵，必从天上酬[60]，祈游桂苑者，宜认此来由，中间莫错路，自有非常遭[61]。亿色花香里，重重宝光覆，洞明万户玲[62]，天天叠文秀，凝成篆籀章[63]，结合五霞构，秘策列缤纷，仙韵不停流，悉在光中过[64]，遍照大神州，盘旋观不尽，群仙晤且遘[65]，花随步履扬，馥自冠裳透[66]，略嗅云霄桂，洗尽尘俗垢，千孔与百窍，感香俱灵牖[67]，心腑也充满，福缘无不偶，入圈独推元[68]，垂芳能不朽，宝哉勿轻锡，慎重待孝友。吾奉九天元皇帝律令[69]，乃说赞曰：纯孝本性生，无不备于人，体之皆具足，践履无难循[70]，以此瞻依志，无忝鞠育心[71]，在地自为纪[72]，在天即为经[73]，

非常尊贵的，禀藏着斗星的灵气，包含着月光的精华，元气积聚有奇妙的花蕊，枝根挺向天衢，苍天覆含着北斗七星，光辉连着宇宙，栽培得大灵根，吐出百宝的芬芳，一萼就能看到天的尽头，大地万花稠密，流化于人间，所到之处无不得到周全，众多尘世上的后代，种植出了香怎么能不繁茂。然而，茂盛容易衰落亦容易，暂时而不能长久，怎么能与天上的桂相比，一萼就可以胜过尘世的成千上万，而且是愈发散愈觉远，愈远却愈是悠久，它的香气随九天翱翔，随着清风暴风浩荡，声怀万年秋，真实奇妙永无可限量，它的名字就叫做金粟，装载在奎斗，珍藏在玉真庆宫中，高高地占据壁楼顶，不是致善的长者，是不能主宰它的。如果不是行善的能手，是不能攀摘它的美丽花朵，不能把它给予轻薄的人，必须给予以行孝为首的人。不要下手损害善良，不要使用亵渎文字的手。孝子的所作所为，我必定对其厚加赏赐，在千祥凝聚的地方，早点把天香授予他。如果真是至诚的孝子，不用相求我自然会授给他；不孝不悌的人，任他怎么攀附相求终究是没有；改变孝为妄行违逆，即使有的福气也必定会被剥夺；悔改违逆而勇猛从孝，即使没有这个福份也会赐给。

生民安饮食，君子表言行，父母天亲乐，无奇本率真。人人若共道，家国贺太平，放之充海宇，广之塞乾坤，孝行满天下，尘寰即玉京[74]。

孝经图

说赞未毕，声周三界，惠日蔼风[75]，一时拥护。尔时有朱衣真君，恭敬稽首[76]，深会妙旨，演为慈孝钧天大罗妙乐[77]，以广圣化，爰命金童玉女，著五色霞衣，按歌起舞，奏曰：

教孝有传经，奏恺成声，母慈昱昱[78]，父爱甄甄[79]，子色循循[80]；妻婉婉[81]，夫闿闿[82]，兄秩秩[83]，弟恂恂[84]，姑仁媳敬承；父携子，祖携孙，恩勤室蔼蔼，家溱溱[85]，俱是父母一般心。乐衍衍[86]，何地不生，至性中笃，实天情，欢腾普天下，

圣人孝敬天地，身居国君之位会得到我们的眷顾和护佑。必须知道尘世上所显贵的东西，必定是来自上天的酬报，祈望能遨游桂苑的人，应当认识清楚其来由，中间莫认错道路，自然会有非比寻常的遭遇。亿种花香里，有重重宝光覆盖，照明千家万户。每天都叠落印有文字的花朵，凝聚成天书，结合五彩霞构成。天书秘策排列缤纷，神仙的音韵不停地流动，全都在光中流过，照遍神州大地，盘旋停留而不见尽头。群仙相见却不需约定。花随着脚步纷扬，香味从帽子衣裳中透析出来。略微闻过来自天庭云霄中的桂香，就能洗尽尘俗的污垢，千孔与百窍，感受到香味就获得灵悟，心肝脏腑也充满灵气。福份无不成双成对而至。参加科举考试必定会夺魁，垂芳万世而不朽。宝贵的东西呀不是轻易滥赐，慎重地等待有孝行的朋友的到来。我奉九天元皇帝的律令，说赞：纯粹的孝产生自本来的心性，从这里来瞻看其心志，无愧于父母鞠躬养育的用心，在地自然成为纪，在天就是经。使民众饮食安然，君子表现言行，父母天伦之乐，没有什么奇异而是本自纯真的心。大家都遵奉，家庭国家都太平。放手可以充满海宇，推广之可以塞满天地。只要孝行满天下，尘世

劝善书

注译

亿兆声蒸。气洽门屏，俱如家人，父母一般心。有身有亲，始信有君。有臣有民，师弟良朋，咸归于贞[87]，邦家总孝成[88]。愿人生过去父母，早升紫庭[89]，现在父母，祺禄享遐龄，化遍乾坤中和，瑞凝九光雯百，和音漠漠[90]，天钧瀜瀜[91]，六宇听雝鸣[92]，并坐长春，并坐鸾笙，直上瑶京达帝闻。尔时乐舞三寻[93]，天龙凤族，声和翔集，众籁腾空[94]，香花围绕，其君喜悦，手举如意[95]，更示大众，我力演教，宣扬妙道，慈孝感洽，化应曛徽[96]，遂如是观，众等宝之，传写广劝。劝一人孝，准五百功，劝十人孝，准五千功。自身克孝，当准万功，事后母孝，准万万功，亲亡事祖，

众仙图

即是神仙妙境。

说赞未有完毕，声音已传遍三界，和暖的阳光与春风，立刻簇拥过来。这时有身穿红色衣服的真君，恭敬地行礼，深深领会其中的妙旨，演变为慈孝钧天大罗妙曲，以广泛传播圣人的教化。于是又命令金童玉女，穿上五色霞衣，唱歌起舞，奏说：教化孝道有经相传，奏出动听的乐曲，母爱昱昱光明，父爱甄甄飞扬，子女的行为循循顺从，妻子婉婉温顺，丈夫言语和气，兄长秩秩讲道理，弟弟恂恂恭谨，婆婆仁慈，媳妇恭顺，父携带子，祖携带孙，恩爱勤劳家庭和气昌盛。大家的心都如同父母的心一样，和和乐乐，到处都有，至诚的心性非常专一，实在是天然的情愫，欢腾普及天下，亿兆人的声音蒸蒸上升，家家户户和气融洽。有己身有双亲，才开始相信有君主，有臣下有百姓，师弟好朋友，同归于正直，国和家总是因为孝才存在的，祈愿人生和过去的父母，早日升到天庭，现在还活着的父母，福禄双全享有长寿。化遍天地中庸之道，吉祥的瑞云凝聚为九光百雯，和谐动听的声音密布，优雅悦耳的音乐和悦，六宇听着雝的鸣叫，同坐长春宫，听笙箫乐声，一直升上瑶池玉京，达于天帝之耳。此时音乐歌舞三次，天龙凤鸟，发出和谐

如孝父母,准万万功,善哉善哉。谛听吾言,于是朱衣魁星,天聋地哑及诸仙众[97],欢喜踊跃,命诸掌籍,载之玉册[98],信受奉行。

又赞:

元皇孝道,万古心传,通天彻地妙行圆;仙佛亦同然。化度无边,中和位育全。

南斗文昌元皇大道真君。

注释:

[1]道果:成道。

[2]聚首:聚集。

[3]玉真庆宫:文昌帝君的居所,神仙的住所。

[4]莫赎:不能解除刑罚。

[5]魔煞:魔鬼恶神。

[6]三才:天、地、人。

[7]地狱:人死后灵魂受难的地方。

[8]四生:胎生、卵生、湿生、化生四类生物。六道:天道、人道、阿修罗道、畜生道、地狱道、饿鬼道。

[9]超升:灵魂得到超度而升入天堂。

[10]沉疴:重病。

[11]三十六天:道教所说的天界,谓神仙居住的天界有三十六重,每一重都有得道的天神统辖。

[12]七十二地:即七十二福地。道教认为在大地名山间,有七十二处洞天福地,多为得道成仙之所在。

[13]四维:上、下、左、右四个方位。

[14]九垓:八极之内的广大土地。

的声音飞集一起,各种声音腾空而起,香花围绕,文昌帝君欢心喜悦,手里举着如意,再次向大众阐说示意:我致力于演教,宣扬高妙的道法,慈孝相互感通融洽,黑暗的地方亦有感化,这样看来,你们都应将我宣教的这篇经文宝藏,并加以传写,推广劝人。劝一人为孝,可有五百功劳;劝十人为孝,可有五千功劳;自己能够致力于孝,可以有万个功劳;孝敬后母,有万万功劳;双亲亡故而能致孝祖先,就如同孝敬父母一样,有万万功劳。善啊善啊,谛听我话的人,朱衣魁星,天聋地哑及一切神仙,都会欢喜雀跃,命令掌管人类命运的神灵,将你的善行功劳记载入德行簿册,你们按照我的训诲忠诚地信奉吧!

又有赞说:

出自元皇的孝道,万古以来心心相传,通天彻地妙行圆满,仙、佛都是与此一样的,化行度人法力无边,天地全都得到养育。

* * *

[15]遐荒:遥远的地方。奠:进献。

[16]遐迩:远近。均孚:都信服。

[17]竞黜:竞相消除。

[18]凛:恐惧。

[19]腹诽:在心里毁谤别人。

[20]殴:殴打。

[21]弑：杀。凌：侮辱。

[22]挞楚：用荆条打人。

[23]嗔：生气。

[24]塚：坟墓。

[25]焚：焚烧。

[26]七七日：父母亡过，要守灵四十九天。

[27]罹：遭受。

[28]镇：镇守。

[29]亨衢：通达大路。

[30]乐恺：欢乐的乐曲。

[31]怡：喜悦。

[32]靡他：不是为了其他什么。

[33]不磨：不灭。

[34]九幽：即"九幽地狱"的简称。道教认为，一个人如生前罪恶多端，死后必受报应入九幽地狱。九幽狱为：幽冥、幽阴、幽夜、幽丰、幽都、幽治、幽关、幽府、幽狱。

[35]常慕：常常想念。

[36]佗婆唵婆诃：念诵经文后的结束句。

[37]茹：吃。

[38]怙：依仗，凭恃。

[39]龢：相安，协调。

[40]五声：古代音乐的五个声阶名，即宫、商、角、徵、羽。六律：古代音乐中用律营定出来的音，共有十二律，阳律、阴律各六。

五行：指金、木、水、火、土。

[41]五伦：指天、地、君、亲、师五种伦常关系。

[42]太虚：指天地。

[43]至文：非常好的文章、文字。

[44]韫：藏。

[45]朱衣与魁光：做官和中科举。

[46]仙品：成仙。

[47]陟：提升，提拔。

[48]钟：积聚。蕊：花蕊。

[49]苍龙：天。七曲：北斗七星。

[50]玉宇：宇宙。

[51]萼：花萼。逗：到，止。

[52]胄：后代。

[53]觉：感觉，发现。

[54]飚：暴风。

[55]叟：长者。

[56]秀：花。

[57]轻薄：不庄重。

[58]亵：污损。

[59]赍赐：赏赐。

[60]酬：酬报。

[61]遘：遭遇，遇见。

[62]玲：精巧的样子。

[63]篆籀章：篆、籀都是汉字的一种字体。这里是出自天上的书文，也就是道教所说的天书。

[64]悉：全部。

[65]逅：不期而遇。

[66]馥：香味。

[67]牖：窗户。

[68]元：元首，第一。

[69]九天元皇帝：道教神灵，主营九天。

[70]践履：实践。

[71]忝：辱，有愧于。

[72]纪：纪年岁的单位。

[73]经：南北的方向。

[74]玉京：道教所说的三十二帝之都，在无为天。可引申为神仙居住的宫阙。

[75]惠日：和暖的太阳。蔼风：春风，和风。

[76]稽首：古代的一种礼节。

[77]钧天：天上的音乐。

[78]昱昱：明亮的样子。

[79]甄甄：小鸟飞翔的样子。

[80]循循：顺从的样子。

[81]婉婉：温顺的样子。

[82]訚訚：与人辩论时态度好的样子。

[83]秩秩：说话、做事有道理的样子。

[84]恂恂：恭敬谨慎的样子。

[85]溱溱：昌盛的样子。

[86]衎衎：和和乐乐的样子。

[87]贞：正，正直，公正。

[88]邦家：国和家。

[89]紫庭：神仙居住的天庭。

[90]漠漠：云烟密布的样子。

[91]瀜瀜：和悦的样子。

[92]雅：一种水鸟。

[93]寻：古代的长度单位，八尺为一寻。

[94]众籁：各种声音。

[95]如意：道教法器，执之吉祥辟邪。多用木、玉雕刻而成，长约一、二尺不等，其端喜刻制灵芝、云彩等形。

[96]曛微：暗处亦可追究。

[97]天聋、地哑：侍立于文昌帝君身后的两位仙童。

[98]玉册：神仙记录人德行的簿册。

劝善书

注译

〇九七

太微仙君功过格注译

〔金〕文玄子　著

唐大潮　注译

太微仙君功过格

太微仙君功过格序[1]

易曰：积善之家必有余庆，积不善之家必有余殃。道科曰：积善则降之以祥，造恶则责之以祸。故儒、道之教一无异也。古者圣人君子高道之士皆著盟戒，[2]内则洗心炼行，外则训诲于人以备功业矣。[3]余于大定辛卯之岁仲春二日子正之时，[4]梦游紫府朝礼太微仙君，[5]得受功过之格，令传信心之士。[6]忽然梦觉，遂思功过条目历历明了。[7]寻乃披衣正坐，默而思之，知是高仙降灵，不敢疏慢，遂整衣戴冠，[8]涤砚挥笺走笔书之，[9]不时而就。[10]皆出乎无思，非干于用意，著斯功格三十六条，过律三十九条，各分四门，以明功过之数，付修真之士。[11]明书日月，[12]自记功过，多寡与上天真司考校之数昭然相契，[13]悉无异焉。大凡一日之终，书功下笔乃易，书过下笔的难，即使聪明之士，明然顿悟罪福因缘，善恶门户，知之减半，慎之全无。依此行持，远恶迁善，诚为真诚，[14]去仙不远矣。

太微仙君功过格

太微仙君功过格序

《周易》说："积善之家必有余庆，积不善之家必有余殃"。《道门科律》说："积善则降之以祥，造恶则责之以祸"。由此看来，儒家、道教两家之学是同一而没有差异的。古代的圣人、君子、高道等人都有在神前设立誓约以规戒自己的行为的著作，内用则洗涤自己的心灵和磨炼自己的行为，外用则给人以教诲而成就事业。我于大定辛卯（1171年）仲春二日夜间子时，梦游神仙居住的紫府，朝礼太微仙君，太微仙君传授给我功过格，并且令我将此传授给意志坚定、虔诚向道的人们。忽然一惊从梦中醒来，于是回忆太微仙君传授的功过格，内容条目都清晰分明，一条一款都很清楚，历历在目。随即穿衣起床端坐，默默思考这个梦，知道是高仙降灵，不敢疏忽怠慢，于是整衣戴帽，准备妥当笔墨纸砚飞笔将太微仙君所授功过格录出，一会就写好了。在录写功过格时，并没有特意思考，耗费精神，完全是出于自然而成。这篇功过格共有功格三十六条，过律三十九条，功格和过律各分为四个门类，便于明了功、过的数目，付与信奉道教的人们。明明白白地写上日、

西山会真堂无忧轩又玄子序。

功格三十六：

救济门十二条，教典门七条，[15]焚修门五条，[16]用事门十二条。[17]

过律三十九条：

不仁门十五条，不善门八条，不义门十条，不轨门六条。[18]

凡受持之道，[19]常于寝室，床首置笔砚簿籍，先书月份，次书日数，于日下开功过两行，至临卧之时，[20]记终日所为善恶。照此功过格内名色数目，[21]有善则功下注，有恶则过下注之，不得明功隐过。[22]至月终计功过之总数，功过相比，[23]或以过除功，或以功折过，折除之外者明见功过之数。当书总记讫，再书后月，至一年则大比，[24]自知罪福，不必问乎休咎。[25]

功格三十六条

救济门十二条：

以符法针药救重疾一人为十功，[26]小疾一人为五功，

月，自己记录功、过，功、过的多少与上天真司的考察校订之数目是明白无误相吻合的，完全没有差异。大概说来，书写记录"功"容易，书写"过"困难。即使是聪明睿智的人，如能够明确顿悟罪福的因缘，善恶的由来，知道其道理，灾祸就可减去一半；如果能谨慎自己的行为，灾祸就可全无。总而言之，只要依照这个方法去做，远离恶而心向善，这就是真正的规戒，离神仙也就不远了。

西山会真堂无忧轩又玄子序。

功格三十六条：

救济门十二条，教典门七条，焚修门五条，用事门十二条。

过律三十九条：

不仁门十五条，不善门八条，不义门十条，不轨门六条。

概括说来，掌握功过格的方法是：经常在寝室、床头等处放置好笔砚及本子，在本子上先写明月份，然后再写明日子，在日子下列出功、过两行，到每天临睡的时候，记录一天来所做的善事和恶事。对照功过格中所列举的名称数目，有善的行为则在功下注明，有恶的行为则在过下注明，不能只是宣扬功绩而隐瞒过失。到每月月

如受病家贿赂则无功。治邪一同。凡行治一度为一功，施药一服为一功。

传一符一法一方一术令人积行救人，每一术为十功，如受贿而传，或令人受贿则并无功。

传人保益性命符法药术等，每一事为五功，如受贿而传为一功。

救一人刑死性命为百功，[27] 免死刑性命一人为百功，减死刑性命一人为五十功；救人徒刑为四十功，免人徒刑为三十功，减人徒刑为二十功；救人杖刑为十功，免人杖刑为八功，减人杖刑为六功；救人笞刑为五功，[28] 免人笞刑为四功，减人笞刑为三功。如依法定罪则无功，如私家减免奴仆之属同此论功。

救有力报人之畜一命为十功。[29]

救无力报人之畜一命为八功，[30] 虫蚁飞蛾湿生之类一命为一功。[31]

赈济鳏寡孤独穷民百钱为一功，[32] 贯钱为十功。如一钱散施积至百钱为一功，米麦币帛衣物以钱数论功，[33] 饶润

底统计功过的总数，将功过相比较，或者以过除功，或者将功折过，折除之外就可以明白看出功过的数目。并且，应当把总的功过数目记下，再写下月，如此类推，至一年满后，则作一个大的比较。这样，就可以自知罪或者福，而不必求问吉凶。

功格三十六条

救济门十二条：

用符箓法术针灸医药救治重病患者一人为十功，小病患者一人为五功，如果收受病人家属的钱财则为无功。为人驱邪之功与为人治病相同。

向他人传授一种符箓、一种道法、一种方药、一种医术，使他人救人积善，每一术为十功。如果是接受了钱财而传授，或是指使他人接受钱财而传授则没有功。

传授他人保养有益性命的符箓道术药物医术等等，每一件事为五功，如果受人钱财而传只有一功。

救活受刑而濒于死亡的人，一人为百功；免除人死刑，一人为百功；减缓死刑，一人为五十功；拯救被判处罚服劳役的人，一人为四十功；免除一人被罚服劳役为三十功；救被罚处杖刑的人，一人为十功；免除一人被罚处杖刑为八功；救被

民债负亦同此论[34]。

济饥渴之民一饮一食皆为一功。

济寒冻之民暖室一宵为一功。[35]

救接人畜筋力疲困之苦一时为一功。

葬无主之骨一人为五十功，施地与无土之家葬一人为三十功。若令出备租课则无功。埋葬自死者走兽飞禽六畜等一命为一功，若埋葬禽兽六畜骨殖及六十斤为一功。

平理道险阻及泥水陷没之所一日一人之功为十功，若造船桥济渡不求贿赂者所费百钱为一功，一日一人之功为十功。

教典门七条：

自己受救人法箓经教一宗为二十功，[36]保护自身法箓经教一宗为十五功。

于高士处求救人法箓经教一宗为八功，[37]或保护自身法箓经教一宗为四功。

传受行法官一人为百功，[38]度箓生弟子一人为五十功，[39]度受戒弟子一人为三十功。[40]

以救众经法付人为五功，

判处笞刑的人，一人为五功；免除一人笞刑为四功；减轻一人笞刑为三功。如果依法定罪则无功。要是家里的奴仆等人犯有过错能够私下予以减免，其功与上相同。

救骡、马、牛、驴等以力报人的牲畜，一命为八功；救蚂蚁飞蛾之类的昆虫，一命为一功。

救济鳏寡孤独贫穷之人，一百钱为一功，一贯钱为十功。如果一个钱一个钱地施舍积累至百钱可为一功；施舍米麦丝帛衣物以折合钱数多少论功；放弃借贷给穷人钱物的利润，其功与施钱相同。

救济饥渴之人一杯水、一碗饭皆为一功。

救济寒冻之人在暖和的房间住一晚为一功。

救助疲劳困苦的人或牲畜一个时辰为一功。

埋葬无主的尸骨一人为五十功；施舍土地与没有土地的人家埋葬死人一人为三十功，要是收取租金则无功。埋葬自己死亡的飞禽、牛、马、猪、羊、骡、驴六畜等一命为一功；要是埋葬它们的骨殖六十斤则为一功。

平整修理使人难以行走的崎岖道路和被泥水陷没的地方，每一日一人的功劳为十功；如果修造船、桥以济渡而不求获利者，为此而花费百钱为一

保养性命经法付人为四功，演道经论付人为三功。[41]

自己注撰救众经法一宗为三十功，保养性命经法一宗为二十功，赞道之文一篇为一功。[42]若咏无教化者则无功。[43]

自己简编救众经法一宗为十功，保养性命经法一宗为五功，赞道之文一篇为一功。

雕造经教所费百钱为一功，[44]贯钱为十功，印造散施与人，小经一卷为十功，[45]大经一卷为二十功，[46]并谓上对正典有教化者，非谈论兴亡胜败之书及咏风月之文。[47]

焚修门五条：

修圣像坛宇幢盖幡花器皿床坐及诸供养之物费百钱为一功，[48]贯钱为十功。如施与人钱物修置百钱为半功，贯钱为五功，或以什物一件为一功。

旦夕朝礼为国为众焚修一朝为二功，[49]为己焚修一朝为一功。

章醮为国为民为祖先为孤魂为尊亲祈禳灾害，荐拔沉魂一分为二功，[50]为己一分为一功，为施主一分为一功。若

功，每一日一人的功劳为十功。

教典门十条：

自己获得救人的法箓经教一件为二十功，保护自身法箓经教一件为十五功。

从高妙有道之士那里求得救人法箓经教一件为四功，求得保护自身法箓经教一件为四功。

传授行持符法的道士一人为百功；度箓生弟子一人为五十功；度受戒弟子一人为三十功。

将救大众的经法传授与人为五功；保养性命经法传授与人为四功，宣讲道教精义，把推广教义的经书典论传授与人为三功。

自己注释撰写救大众经法一件为三十功，保养性命的经法一件为二十功，颂扬道教的诗词歌颂一篇为一功。若注撰的文章不能起到教育感化的作用则无功。

自己编撰简明通俗的救众经法一件为十功，保养性命的经法一件为五功，赞颂道教的诗词歌颂一篇为一功。

雕刻印造经书教典而花费钱财，百钱为一功，千钱为十功；将雕刻印造的经书分送与人，千字以下的小经一卷为十功，千字以上的大经一卷为二十功。这些经书教典必须是真

劝善书

注译

受法信则无功。[51]

为无告孤魂告行拔亡符命一符为十功，[52]祖先尊亲一亡为十功，为平交亲知及卑幼一亡为五功，为施主一亡为四功。若受法信则无功。

为国为民或尊亲先亡或无主孤魂诵大经一卷为六功，小经一卷为三功，圣号百遍为三功；[53]为平交亲知及卑幼诵大经一卷为三功，小经圣号为一功。若受法信则无功。为己禳谢诵大经一卷为二功，小经圣号为一功。

用事门十二条：

兴诸善事利益一人为一功。

讲演经教及诸善言化谕于众在席十人为一功，百人为十功，人数虽多止五十功。

以文章诗词诫劝于众一篇为一功。

化人出财修诸功德一贯为一功。

劝人官门斗讼免死刑为十功，免徒刑为五功，免杖刑为二功，免笞刑为一功。

劝谏人斗争一人为一功。

举荐高明贤达有德之士

正的上圣正典，而且是可以教育感化人的，不是谈论国家兴亡胜败和言情的书籍。

焚修门五条：

修造神像、坛宇、幢盖、幡花、器皿、床座及其他供养诸神的物品，花费百钱为一功，千钱为十功。如只是施舍钱财给别人办理此事，百钱为半功，千钱为五功，或者一件物品为一功。

清晨傍晚朝拜诸神；为国家、为大众烧香祈祷一朝为二功；为自己烧香祈祷神明降福为一功。

向神上章祭礼为民众、为祖先、为孤魂、为尊亲祈禳灾害、超度亡灵一分为二功；为己一分为一功，为施主一分为一功。若接受供奉给神灵的醮坛供品则无功。

为无处求告的孤魂请求符命一符为十功；祖先尊亲亡灵一位为十功，为朋友亲知以及地位卑下、年幼的亡灵一位为五功，为施主亡灵一位为四功。若接受醮坛供品则无功。

为国家、为民众，或为尊亲祖先亡灵，或无主孤魂念诵千字以上的大经一卷为六功，千字以下的小经一卷为三功，圣号百遍为三功；为朋友亲知及地位卑下、年幼者念诵千字以上的大经一卷为三功，千字以下的小经一卷及圣号为一功。

用事一人为十功。

赞扬人之善道一事为一功。

掩遏人之恶业一事为一功。

劝谏人令不为非、不廉、不孝、不贞、不良、不善、不慈、不仁、不义一人回心为十功。

自己著纸衣一件为二功，著布素麤衲之衣一件为一功，[54] 著纨帛者无功。[55]

自己饮膳有而不食者为三功，[56] 晚而不食者为二功，素食下味为一功，素食中味为半功，素食上味为无功。[57]

过律三十九条

不仁门十五条：

凡有重疾告治不为拯救者一人为二过，小疾一人为一过，治不如法为一过，不愈而受贿百钱为一过，贯钱为十过。

修合毒药欲害于人为十过，害人性命为百过，害人不死而病为五十过。害一切众生禽畜性命为十过，害而不死为五过，举意欲害为一过。

学厌祷咒咀邪法害于人

如果接受醮坛供品则无功。为自己祈谢念诵千字以上的大经一卷为二功，千字以下的小经及圣号为一功。

用事门十二条：

兴办各种慈善事业，利益一人为一功。

讲演经教及一切善言教化谕劝大众，在座听讲者十人为一功，百人为十功，人数再多也以五十功为限。

用文章诗词诫谕劝化大众一篇为十功。

劝化人施舍钱财修各种功德，一贯钱为一功。

劝人在官司诉讼中免掉死刑为十功，免劳役为五功，免杖刑为二功，免笞刑为一功。

劝谏人不要相互争斗一人为一功。

推荐高明贤达、品德高尚的人做事，一人为十功。

赞扬别人的善行一件事为一功。

遮掩别人的恶行一件事为一功。

劝谏人使其不做坏事，使不廉洁、不孝顺、不贞洁、品行不好、不善良、不慈爱、不仁爱、不道德的人回心转意、改过，一人为十功。

自己身穿纸衣一件为二功，穿素色粗布做的道袍一件为一功，穿丝织的精美衣服无

太微仙君功过格

劝善书

注译

一〇八

为十过，[58] 害人性命为百过，害人不死而病为五十过，害人六畜一命为十过，令病为五过，举意欲害为一过。

厌禳人家令见怪异欲取财贿为十过，[59] 得财百钱为一过，贯钱为十过。

谋人死刑成者为百过，不成为五十过，举意不作为十过，谋人徒刑成者为四十过，不成为二十过，举意不作为八过。谋人杖刑为十过，不成为八过，举意为五过。谋人笞刑为三过，不成为四过，举意为三过，凡为官吏入人罪者同此论，为行法官妄入鬼神罪者亦同此论。

心中暗举恶事欲残害于一人为一过，事成残害一人为十过，心意中邪淫杂想非理之事，一事为一过。

凡言举恶事欲残害于人一人为一过，[60] 事成为十过。恶语向师长尊亲为十过，[61] 向善人为八过，向平交为四过，向卑幼为一过。言约失信为一过，[62] 扬人恶事为一过，掩人善事为一过。

故伤杀人性命为百过，[63] 误伤杀性命为八十过，以言遽

功。

自己拥有佳肴而不食用为三功，不吃晚饭为二功，只吃素菜不讲求滋味为一功，吃素食稍有滋味为半功，吃美味素食无功。

过律三十九条

不仁门十五条：

凡是重病患者请求医治而不思去拯救者一人为二过，小疾一人为一过，医治不得法为一过，治而不能使痊愈并且接受钱财，百钱为一过，千钱为十过。

修炼合制毒药想害人为十过，害人性命为百过，没有害死人而使其致病为五十过。加害一切众生禽畜性命为十过，害而不死为五过，有加害的意图为一过。

学习厌祷咒诅各种害人的妖术邪法加害于人为十过，害人死亡为百过，没有害死而使其致病为五十过；害他人的牛、马、羊、猪、骡、驴六畜一命为十过，使其害病为五过，有伤害的意图为一过。以妖术邪法厌禳人家使其见怪异而欲索取钱财为十过，收受钱财，百钱为一过，千钱为十过。

图谋人被判死刑而成为现实为百过，没有成为现实为五十过，有图谋人被判死刑的念

杀者同，[64] 使人杀者为六十过。

故杀有力报人之畜一命为十过，误杀为五过。故杀无力报人之畜、飞禽走兽之类一命为八过，误杀为四过。故杀虫蚁飞蛾湿生之属一命为二过，误杀为一过。故杀伤人害物者恶兽毒虫为一过，[65] 使人杀者同上论。

见杀不救随本人之过减半，无门可救不生慈念为二过，[66] 助赞杀生为五过。

见若救得而不救者为十过，无门可救不生慈念者为一过。

见人有忧不行解释而故畅快者为五过。[67]

见人畜死不起慈念者为一过。[68]

役使人畜至于疲乏力倦，不矜其苦而刚使役者一时为十过，加之鞭笞者一杖为一过，用水陷溺路径使人畜出入行履艰难者一时为十过。

摧毁船桥使不通渡者一时为十过。

不善门八条：

毁坏劝德圣像坛宇幢盖

头而没有实际去做为十过；图谋人被判罚劳役并成为现实为四十过，不成功为二十过，有图谋人被判罚劳役的念头为八过；图谋人被判杖刑并成功为十过，不成功为八过，有图谋人被判杖刑的念头为五过；图谋人被判笞刑而成功者为三过，不成功为四过，有此想法为三过。凡是身为官吏使人被判罪与此同论，作为行法官而妄图以鬼神的名义加罪于人亦同此论。

心中暗藏行恶事的念头想残害于人，一人为一过；事情成功残害一人为十过。心中存有奸邪淫杂思想不合道理的事，一事为一过。

凡是言谈行为有因为恶事想残害人，一人为一过，事情没有成功为十过。以恶言恶语对待师长尊亲为十过，对待善人为八过，对待朋友为四过，对待地位卑下和年幼的人为一过。说话不讲信用为一过，张扬人的恶事为一过，遮掩人的善事为一过。

故意伤害杀戮人性命为百过，误伤杀戮人性命为八十过。因为言语相争就杀人同此相论。指使他人杀人为六十过。

故意杀害牛马等牲畜一命为十过，失误杀害为五过。故意害山野动物、飞禽走兽之类一命为八过，误杀为四过。故意杀

劝善书

注译

一
一
〇
〇

幡花器皿床具及诸献供之物百钱之直为一过，[69]贯钱之直为十过。以巧言说人毁坏百钱之直为半过，贯钱之直为五过，见而不观为一过，赞助为五过。

又言指斥毁天尊圣像为二十过，[70]真人为十五过，[71]神君为十过。[72]见毁灭不劝为一过，赞助毁灭为五过，毁灭经教与此同论。

遇节辰食晚食为二过，常日晚食为一过。斋醮供圣镇信之物一物不备为一过，章词一字差错为一过，误违科律格式一事为一过，威仪有失一事为一过，唱念不专为一过，宣科读状奏对词表差错一字为一过，三时朝真一时有失为五过，供养进献之物一物不备为一过，一物不洁为一过，及不如法为一过。

应受施主法信钱物非理使用百钱为一过，贯钱为十过。

荐亡符简文字等一字差错一过，脱漏一字为一过，符文差错脱漏为十过，修写书篆不如法为五过。

诵念经典漏一字为一过，

害虫蚁飞蛾湿生之属一命为二过，误杀为一过。故意杀死伤人害物虎狼蛇蝎等恶兽毒虫为一过，支使人杀害与此同论。

见死不救而随本人之过减半，没有办法相救而没有同情心为二过，赞成并帮助杀生为五过。

见本来可救而不救为十过，没有办法相救而不生同情心为一过。

见人有忧患而不劝解，反而高兴为五过。

见人、牲畜死亡而不具同情心为一过。

役使人、畜使其疲倦力乏，不悯其痛苦而强行使役一时为十过，再加以鞭打，一杖为一过，用水淹陷道路使人、畜出入行走艰难一个时辰为十过。

摧毁船只、桥梁致使不能通渡一个时辰为十过。

不善门八条：

毁坏功德圣像、坛宇、幢盖、幡花、器皿、床具以及各种献供之物，值百钱为一过，值千钱为十过。以花言巧语向人游说使其毁坏献供之物，值百钱半过，值千钱为五过，视而不见为一过，支持帮助为五过。

以言语指责斥骂投毁天尊圣像为二十过，真人像为十五过，神君像为十过。看到有人毁灭天尊圣像而不加劝阻为一

漏一句为五过，音释乖背字音交差一字为一过，[73]念诵语句错乱有失文意一句为五过。若念诵之时心意不专为五过，邪淫杂想及思恶事为十过，住经语恶事讫续经为十过，语常事为五过，接陪宾侣为三过，语善事为一过，不依诵经法式为五过，念经发嗔怒为十过，凌辱他人为十过。

不义门十条：

教唆人官门斗讼死刑为三十过，徒刑为二十过，杖罪为十过，笞罪为八过。

教唆人斗争一人为一过。

教人为不廉不孝不义不仁不善不慈为非作过一事为一过。

见贤不荐为一过，见贤不师为一过。

见明师不参授教典为二过，不依师之教旨为十过，反叛师长为五十过，违师教公为三十过，尊长父母同此论。

良朋胜友不交设为一过。

穷民不济为一过，复加凌辱一人为三过。

偷盗人财物或教人偷盗百钱为一过，贯钱为十过。若

过，支持帮助毁灭为五过，损毁经典教籍与此同论。

逢道教节日及神仙圣诞晚食为二过，平常日子晚食为一过。

斋醮供养神灵的镇信物品缺少一物为一过，醮神的章词有一字差错为一过，违背科律格式一事为一过，威仪有失误一事为一过，赞唱会诵不专注为一过，宣读科状奏对词表差错一字为一过，早中晚礼拜一时有失为五过，供养进献的物品缺少一物为一过，一物不洁净为一过，以及不按一定的法式为一过。

应当接受施主的法信钱物，但如果不合道理地滥用百钱为一过，千钱为十过。

追荐亡灵的符篆简章文字有一字差错为一过，脱漏一字为一过，符文差错脱漏为十过，修写书篆不遵守一定的法式为五过。

诵念经典漏念一字为一过，漏念一句为五过，音调释文不协调、字音差误一字为一过，念诵语句错乱并失去原文的意思一句为五过。如果念诵时心意不专注为五过，胡思乱想及思考恶事为十过，停止念诵而谈论恶事然后又继续念经为十过，谈论日常琐事为五过，接待陪伴宾客为三过，谈论善事为一过，不依照诵经法式为五过，

劝善书

注译

一一二

见偷盗不劝一过,赞助偷盗为五过,米麦币帛衣服并论钱数定过。

不义而取人财物百钱为一过,贯钱为十过。

欠人财物抵讳不还百钱为一过,贯钱为十过,因而谋害其过加倍。

不轨门六条:

传教法隐真出伪欺罔弟子一事为五过,如受法信百钱为一过。得人不传为一过,传非其人为十过。

注撰烟粉传记诗词歌行一篇为二过,[74]传与一人为二过,简编一篇为一过,传与一人为一过。自己记念一篇为一过。

食肉故杀性命食之为六过,买肉食之为三过,违禁肉故食为六过,误食为三过。遇斋日食之为十过,食后入坛念善为十过。

饮酒为评议恶事与人饮一升为六过,[75]无故与不良人饮一升为二过,无故与常人饮一升为十过,为和合事理与人饮、祭酒待宾服药皆不坐过,遇斋日饮致醉,或酒后入坛念

念经时发脾气为十过,凌辱他人为十过。

不义门十条:

教唆他人官门斗讼使人被判死刑为三十过,判罚劳役为二十过,判罚杖刑为十过,判罚笞刑为八过。

教人相互争斗一人为一过。

教人做不廉、不孝、不义、不仁、不善、不慈、为非作歹一事为一过。

见到贤良不推荐为一过,见贤良不学习为一过。

见修养高明的师傅不向他求参教典为二过,不依照师傅的教诲行事为十过,违反背叛师长为五十过,违背师长教导为三十过,违背尊长父母其过同此相论。

不结交良朋好友为一过。

不救济穷困之人为一过,又加凌辱一人为三过。

偷盗他人财物,或者教唆人偷盗百钱为一过,千钱为十过。如果看见有人偷盗而不加劝阻为一过,支持帮助偷盗为五过,偷盗米麦丝帛衣服折合钱数定过。

违背道德而窃取他人财物百钱为一过,千钱为十过。

欠他人财物而抵赖不还,百钱为一过,千钱为十过,因此而图谋害人其过加倍。

善为五过。

五辛无故食之一食为一过，[76]食后持念经一大卷为十过，一小经为五过，一圣号为一过，斋日食之为五过。

受触极亲为五十过，近亲为三十过，远亲为二十过，良家为十五过。受触之后入坛念道朝真礼圣及斋日犯触随仪每一过为五过。

太微仙君

注释：

[1]道教劝善书之一。此书产生于金代大定辛卯年（1171年），撰著人为又玄子。该书可谓功过格之首创，属南宋净明派之书。据该书卷首之序称，著者梦游紫府，朝礼太微仙君，得受功过之格，梦觉后撰写成此书，这显然是一个假托神君授书的神话，其目的不外是借神的权威来提高其书的神圣性。

该书分为功过两类。功格三十六条，有救济、教典、焚修、用事四门。救济门十

不轨门六条：

传授教法时，隐藏真法而出示伪法欺骗弟子，一事为五过，如果接受钱财，百钱为一过。收受可造就的人而不传授教法为一过，传授教法给品行不好的人为十过。

注释撰著烟粉传记诗词歌行一篇为二过，传与一人为二过；简编一篇为一过，传与一人为一过，自己记读一篇为一过。

为吃肉而故意杀生食之为六过，买肉食之为三过，故意吃不该吃的肉为六过，误吃为三过，遇斋日食肉为十过，吃后入坛念诵为十过。

为评议恶事与人饮酒，一升为六过；无缘无故地与不好的人饮酒一升为二过；无缘无故与一般人饮酒一升为十过。为了解决纷争与人饮酒、祭酒、款待宾客、服药饮酒皆无过，斋日饮酒致醉，或酒后入坛念经为五过。

无缘无故吃姜葱蒜韭菜辣椒五辛，食一次为一过，吃后念诵千字以上大经一卷为十过，千字以下小经一卷为五过，圣号一个为一过，斋日吃五辛为五过。

抵触冲撞父母极亲为五十过，近亲为三十过，远亲为二十过，好人为十五过。抵触冲撞后入坛念诵经典、朝礼仙真神灵以及斋日随仪每一过失为五过。

二条，包括了以医药医术治病救人，以钱财拯救贫困，修整道路等。教典门七条，包括了传授经籍教典等。焚修门五条，包括了修造神像、坛宇、章醮、超度亡灵等。用事门十二条，囊括了除前三门以外的种种慈善活动。过律三十九条，有不仁、不善、不义、不轨四门。不仁门十五条，包括见人疾病困厄不施救济，反有害人之言行等。不善门八条，包括毁坏神像、坛宇，辱骂神圣，诵经错字、漏字等。不义门十条，包括引人斗讼，妒贤害能，取不义之财，偷盗等。不轨门六条，包括杀生、酗酒、诲淫等。并按照事情的轻重具体订立了一功至百功，或一过至百过的标准。此外，又玄子在文中还讲述了功过格的使用方法，并指出"依此行持，远恶迁善，诚为真诚，去仙不远矣"。

总之，《功过格》的基本内容仍是宣扬善恶报应，它认为心（即思想活动）是善恶产生的根源，而神则对人们的思想、行为起着监督作用。它所提出的每日记录功过的方法，最重要的就在于通过内心的反省来达到对行为的约束，故它在《道藏》中被列入戒律类。

太微仙君：道教神名，又称太微天帝君。据《云笈七籤·紫度炎光神元变经》说，它是九曜神灵后裔，生于"始青之端"，得"紫度炎光回神飞霄登空法"，并编掌帝号。

[2]盟戒：在神前设立誓约以规戒自己的行为。

[3]以备功业：以完备功业（事业）。

[4]大定：金代世宗完颜雍年号。大定辛卯：即公元 1171 年。仲春：指春季的第二个月。子正之时：即夜间十一时至一时。

[5]紫府：神仙居住的地方。

[6]信心之士：意志坚定、信仰虔诚的人。

[7]历历：清晰分明，一个一个很清楚。

[8]整衣戴冠：整理好衣服，戴好帽子。冠，帽子。

[9]涤：洗干净。砚：墨盘。笺：稿子。涤砚挥笺走笔书之：安排好纸笔墨砚急速书写。

[10]不时而就：不长时间就完成了。

[11]修真之士：即修道（道术、道法）的人。

[12]明书：明白清楚地写上。

[13]昭然相契：明白无误相吻合。

[14]真诚：诚同戒，意为真正的规戒。

[15]教典：道教经书典籍。

[16]焚修：在道教里"焚修"一词为宫观执事名称，是指专门负责焚香燃灯、打扫殿内圣像器物保持洁净的道士。在这里意指一切烧香祈祷礼拜神圣的典仪。

[17]用事：指除救济、教典、焚修以外的一切慈善行为。

[18]轨：法则，法度。不轨：即不遵守法则、法度。

[19]受持之道：接受掌握的方法。

[20]临卧：将上床睡觉。

[21]名色：名称。

[22]明功隐过：显扬功绩隐瞒过失。

[23]相比：相互比较。

[24]大比：每月月末将功过作一次比较称小比；大比是指每年年终将功过作一次比较。

[25]休咎：吉凶。

[26]符：即符箓，是道士用来召神劾鬼、驱邪镇魔的一种方术。符原本是古代帝王下达指令的凭证，后被道教袭用，认为天神亦有符，以图或篆文的形式在天空中通过云彩显示出来，道士录写下来，称之神符。早期道派即大量造作并使用，认为书写符文于水中或纸张上烧之，服用后可有消灾除病、驱邪降魔的功效。箓，有二种，一是指道教的登真箓，为奉道者的名册；一是记录天神的名册。符箓往往并用为人治病驱鬼。符法，即是指道教用来为人治病驱鬼的一切符箓法术和道术的统称。

[27]刑死：即受刑而死。

[28]笞刑：用鞭或竹板抽打的刑法。

[29]有力报人之畜：指骡、马、牛、驴等能作为劳动工具的家畜。

[30]无力报人之畜：指山野中的飞禽走兽。

[31]湿生：古代人对生物的分类，指昆虫。

[32]鳏：指老而无妻，或死了妻子的男子。寡：死了丈夫的女子。孤：失去父母的儿童。独：独身男子。

[33]币帛：古代用作货币的丝织品。

[34]饶：宽容，宽恕。润：利润。饶润：这里意为放弃向贫穷之人借贷的利润。

[35]暖室：温暖的房间。一宵：一夜。

[36]法箓经教：符箓经籍教典。宗：量词，指件或批。

[37]高士：修道有成，有着高超道法的道士。

[38]行法官：专门行持符法的道士。

[39]箓生弟子：道教对学道的七岁男童的称呼。《三洞修道仪·初入道仪》说："凡初欲学道，男七岁，号箓生弟子；女十岁，号南生弟子"。

[40]受戒弟子：接受道教戒箓，正式奉道的道士。

[41]演道经论：宣讲道教精义，推广道教教义的经书典论。

[42]赞道之文：颂扬道教的诗词歌颂。

[43]咏无教化者：指所著宣讲道教教义的文章不能起到教育感化的作用的著作者。

[44]雕造经教：雕刻、印造经书教典。

[45]小经：指字数在千字以下的经文。

[46]大经：指字数在千字以上的经文。

[47]兴亡胜败之书及咏风月之文：指议论国家兴亡胜败和叙述言情的书籍。

[48]圣像：道教对供奉神像的尊称。坛宇：祭祀天地、祈祷神灵和做法事的场所。幢盖幡花：指幡幢，一般为丝织物上绣各色图案，用以声张醮坛、殿堂威仪。

[49]旦：早晨。夕：傍晚。朝礼：朝拜道教诸神。

[50]荐拔况魂：做法事超度亡灵。

[51]法信：做法事时供奉给神灵的醮坛供品。

[52]告行：请求做某事。

[53]圣号：道教神灵的尊号。

[54]麤：同"粗"。衲：出家人穿的衣服。麤衲：粗布做的道袍。

[55]纨：细绢。纨帛：指精美的丝织品。

[56]自己饮膳有而不食者：自己有佳肴而不食的人。

[57]上味：美味。

劝善书

注译

[58]厌祷咒咀邪法：各种害人的妖术、邪术。

[59]恠：同"怪"。

[60]言举：言论行为。

[61]向：对待。

[62]失信：不讲信用。

[63]性命：指一切有生命的人、物。

[64]遽：竟，就。

[65]恶兽毒虫：指虎狼蛇蝎毒虫等。

[66]无门：没有办法。

[67]故畅快者：故意高兴的人。

[68]不起慈念：指见到悲惨、困苦不能有办法相救时，不持念圣号经文为其忏悔。

[69]直：价值。

[70]天尊：神仙的称谓，指位高的男性神仙。

[71]真人：指修真得道或成仙的人。

[72]神君：位较低的神仙。

[73]乖背：违背，不协调。

[74]烟粉：指歌女、妓女。

[75]升：量词，一斗的十分之一。

[76]食：吃。

关圣帝君觉世宝训注译

［清］佚 名 著

唐大潮 注译

关圣帝君觉世宝训[1]

人生在世,贵尽忠孝节义等事,[2]方于人道无愧,[3]可立身于天地之间。若不尽忠孝节义等事,身虽在世,其心已死,是谓偷生。[4]凡人心即神,神即心,无愧心无愧神。[5] 若是欺心,[6]便是欺神。故君子三畏、四知,[7]以慎其独。[8]勿谓暗室可欺,屋漏可愧,[9]一动一静,神明鉴察,[10]十目十手,理所必至。况报应昭昭,[11]不爽毫发。[12]淫为诸恶首,[13]孝为百行原,[14]但有逆理于心有愧者,勿谓有利而行之。[15]凡有合理于心无愧者,勿谓无利而不行。若负吾教,[16]请试吾刀。[17]

关云长像

关圣帝君觉世宝训

人生长于这个世界上,最为宝贵的东西是忠、孝、节、义等,做到此才是真正地无愧于做人的道理,可以立身于这个世界。如果不竭心尽力于忠、孝、节、义等事情,一任岁月流逝,庸庸碌碌地过一生,这无疑是身虽活着,而心已死亡,像这样的人是苟且活在世上,毫无意义。概括说来,人心即是神,神即是心,无愧于心就是无愧于神,若是欺骗自己的心,便是欺骗神,所以,品德高尚的君子敬畏三样东西:天命、大人、圣人之言;并且了解四样东西:天知、地知、人知、我知。君子根据这三畏四知,而谨慎自己的言行,无论是在隐蔽之地或是在无人之处,做一切事情都是光明磊落,堂堂正正,既不欺骗别人,也不欺骗自己。任何人的一举一动,神明都会鉴察清楚,这是必然的道理。况且,有许多事实说明报应是明白无误、确实存在的,没有一丝一毫不相合的地方。万恶之中,邪淫占了首位;百行之中,孝为本源。理是具备于人心中的,行为有悖于理,则必然是有愧于心1,不要只顾眼前利益而去做有愧于心的事情;凡是合理而无愧于心的,不要因为无利可图而不去做。谁人要是违背我(关圣帝

劝善书

注译

一○○

　　敬天地，礼神明，奉祖先，孝双亲，[18]守王法，[19]重师尊，爱兄弟，信友朋，睦宗族，[20]和乡邻，[21]别夫妇，[22]教子孙。[23]时行方便，广积阴功，[24]救难济急，恤孤怜贫，创修庙宇，印造经文，舍药施茶，戒杀放生，造桥修路，矜寡拔困，[25]重粟惜福，[26]排难解纷，损赀成美，[27]垂训教人，冤仇解释，斗秤公平。亲近有德，[28]远避凶人，隐恶扬善，利物救民，回心向道，改过自新，满腔仁慈，恶念不存，一切善事，信心奉行，人虽不见，神已早闻，加福增寿，添子益孙，灾消病减，祸患不侵，人物咸宁，[29]吉星照临。若存恶心，不行善事，淫人妻子，破人婚姻，坏人名节，[30]妒人技能，谋人财产，唆人争讼，损人利己，肥家润身，[31]恨天怨地，骂雨呵风，谤圣毁贤，灭像欺神，宰杀牛犬，秽溺字纸，恃势辱善，倚富压贫，离人骨肉，间人弟兄，[32]不信正道，奸盗邪淫，好尚奢诈，[33]不重俭勤，轻弃五谷，不报有恩，瞒心昧己，大斗小秤，假立邪教，[34]引诱愚人，托说升天，[35]敛物行淫，明瞒暗骗，横言曲语，[36]白日

君）的教导，那么，就请你尝一下我的青龙偃月刀的滋味！

　　敬祀天地，礼拜神明，奉祀祖先，孝顺双亲，遵守王法，敬重师长，兄弟之间要慈爱，朋友之间要讲信用，宗族之间要和睦，乡邻之间要和气，夫妻之间要内外有别，注意对子孙的教育。时时刻刻为人提供方便，多做善事，广泛地积累阴功，解救他人的苦难，救济处于逆境之人，体恤孤儿，怜悯贫穷之人，创建修造庙宇，印制刻造经文，向贫困无力延医买药者施舍药物，向路人提供茶水。戒杀任何有生命的事物，将到手的生命之物，或者落于别人手中的生命之物解救出来释放回大自然。造桥修路，造福于人。同情失去丈夫的寡妇，救拔陷于困境之人。珍视粮食，上合天心，这就是珍惜上天给予的福分，为他人排解忧困，解除相互间的纷争，捐献自己的钱财以成就他人之美事，留传下教诲以教化人，解除消散他人之间的冤仇。在交易中，买进卖出要公平。不要用假斗假秤，出少入多，出轻入重。应当与有品行的人交朋友，远避品行恶劣的人，不要传播恶人恶事，而应广泛传扬善人善事。做有利于一切物类的事情，救济帮助民众。总之，对一切善事都应以坚定的信心、持之以恒的态度去做，别

咒诅，背地谋害，不存天理，不顺人心，不信报应，引人作恶，不修片善，[37]行诸恶事。官词口舌，水火盗贼，恶毒瘟疫，生败产蠢，杀身忘家，男盗女淫，近报在身，远报子孙，神明鉴察，毫发不紊，[38]善恶两途，祸福攸分，[39]行善福报，作恶祸临。我作斯语，[40]愿人奉行，言虽浅近，大益身心。戏侮吾言，斩首分形，[41]有能持诵，消凶聚庆，[42]求子得子，求寿得寿，富贵功名，皆能有成，凡有所祈，如意而获，万祸雪消，千祥云集。诸如此福，惟善可致，吾本无私，惟佑善人，众善奉行，毋怠厥志[43]。

福禄寿图

注释：

[1]道教劝善书的一种，又称《关圣

人虽然没有看见，但神明却是早就知道了。这样做的结果，必然会得到神明的嘉奖，为你加福添寿，人丁兴旺，子孙也会受益无穷，灾难会消除，病患减灭，祸患不能侵扰，家人物畜都平平安安，吉星高照。如果心里存有作恶的念头，不做善事，比如说：奸淫别人的妻子女儿，破坏他人的婚姻，散布流言蜚语，损坏他人的名声、节操，嫉妒他人的技艺、才能，图谋他人的财产，唆使他人相互争斗，或打官司，损坏他人以使自己得利，使别人受害而使自家富饶过好日子，怨恨天地，咒骂呵叱风雨神灵，毁谤圣贤，轻蔑神像，欺骗神明，宰杀为人耕田的牛，为人守家的狗，污秽字纸，倚恃权势凌辱良善的人，倚仗财富欺压贫穷之人，离间他人骨肉兄弟，任其不和，不相信做人的正道，专行奸盗邪淫之事，嗜好崇尚奢侈的生活、诡谲欺骗的事情，不敬重勤劳俭省，轻视、浪费来之不易的五谷，对别人给予自己的恩德不报答，瞒心昧己，心不公平，行为不光明正大，在与人交易中，使用大斗小秤，出少入多，轻出重进；凭借建立宣扬异端邪说的、有别于儒、释、道的邪教，引诱百姓，托说能够升天而敛取钱财，奸淫妇女，明欺暗骗，乱语谎言蛊惑人心。青天白日出言咒诅他人，背地里设

劝善书

注译

帝君觉世真经》，简称《觉世经》。作者不详，其成书时间大约是在清代初、中期。该经的主要内容是借"关圣帝君"之口训谕众人，强调"忠孝节义"为立身之本，要人们无条件地遵行。尤其值得注意的是，该经明确提出人们只能信仰儒释道三教，不能"假立邪教，引诱愚人"。总而言之，广行善事，莫作恶事，自然会获得幸福的思想仍是该经的主题。

关圣帝君：道教神祇，又称荡魔真君、伏魔大帝等。是由三国时的著名将帅关羽的形象衍化而来，被道教奉祀为重要的护法天神，民间信仰极为广泛。奉祀关羽的"关帝庙"遍布全国城乡，多达数十万。至明清，关羽的事迹经罗贯中《三国演义》的渲染，而家喻户晓，视为集忠、孝、节、义于一身的典型代表。从宋代开始，统治者为其加封了各种圣号，始封"显灵王"、"义勇武安王"，元代加封为"显灵义勇武安英济王"，明代加封为"协天护国忠义帝"、"天界伏魔大帝、神威远镇天尊关圣帝君"。清代帝王认为其能灭明朝、入主中原就是由于关圣帝君的佑护，故加封为"忠义神武灵佑仁勇威显护国保民精诚绥靖佑赞宣德关圣大帝"，受到崇敬。而且，从明代始，还被列入国家祀典，加以祭祀。道教《历代神仙通鉴》对关羽作了种种神化，认为关帝的前身是雷首山泽的龙神，因擅自吸黄河水解救了受旱灾困扰的人民，得罪天帝，于是被罚下天界，转生于人世。关圣帝君的形象具有多种属性，既是武神，又是财神，拥有司命禄、佑科举、消病除灾、驱邪避恶、诛罚叛逆、巡察真司、招财进宝等等法力，因而受到社会民众的顶礼膜拜。《陔余丛考》卷三十五谓："香火之盛，将与天地同不朽"。相传关

奸计谋害他人，不存天理，不顺人心，不相信报应，引诱他人作恶，不愿意做一点点善事，专门做种种恶事。这种人，必将受到神的惩罚，比如说：家里官司狱讼频频发生，或与人口舌争斗不休，或遭受水、火之灾，盗贼抢劫之祸，或者身受毒疮的折磨，瘟疫的侵袭，妇女生产多有不祥，子孙多出败类，遭受诸种亡家之祸，男子为强盗，妇子诲淫，等等。概而言之，从近处说来，报应会应验在自己身上；从远处说来，报应会应验在子孙后代身上，神明的鉴察是毫发不乱的。人们是否能够得到幸福或是得到祸患，就是从善、恶这两条道路上来分别的。行善就可得到神明的嘉奖，赐予幸福；行恶就会受到神明的惩处，降予灾祸。我（关圣帝君）之所以说这样的话，是希望人们能够奉行，言语虽然浅陋，但对于人们的身心却是大有益处的。如果把我的这些忠告当作儿戏加以怠慢，将受到砍头裂身的惩罚；如果能行持奉诵，则会消除凶事，吉庆之事就能聚集到你的身上。想求子嗣的就可得到子嗣，想求长寿的就可获得长寿，富贵功名等等，都是会得到成功的，所有想祈求的幸福，都可以如意而获得，万种灾祸冰消雪散，千万种吉祥之事无所不成，诸如此类的福分，只有

帝的圣诞是在农历五月十二日。

觉世：觉，启发、开导。意为启发、开导众生领悟"道"的真谛。

[2]贵：宝贵，珍贵，最重要。忠：忠于君主。孝：孝顺父母。节：气节。义：义气。

[3]方：才。人道：人类社会的道德规范，做人的道理。不愧：不惭愧，不羞愧。

[4]偷生：马虎，得过且过地活在世上。

[5]神：神灵。

[6]欺：欺瞒，欺骗。

[7]三畏：指畏惧天命、大人、圣人之言。四知：指天知、地知、人知、我知。

[8]以慎其独：慎，谨慎。独，单独。慎独：儒家的一种自我修养的方法，意为自己单独相处时，尤其应该注意自己的言行、思想不能违犯圣人的教诲。

[9]屋漏：寂静无人之处。

[10]鉴察：审察，观察。

[11]昭昭：明显，显著。

[12]不爽毫发：没有一丝一毫相违背。

[13]首：首先，第一。

[14]原：事物的开始、起源。

[15]行：做。

[16]负：违背，背弃。

[17]刀：指关圣帝君手中所持的青龙偃月刀。

[18]双亲：父母。

[19]王法：封建国家的一切法令和制度。

[20]宗族：具有血缘关系的家族。

[21]和：和睦，协调。

[22]别：区别。

行善才可以得到。我本来就是公平正大，没有丝毫的私心，惟一的东西就是保佑善人。最后，我再一次奉劝世人，行种种善事，不要松懈追求幸福的志向。

* * *

[23]教：教育，教导。

[24]阴功：即阴德，意为不令他人知晓，默默地做方便别人、救济他人的善事。

[25]拔：拔出来，拔起来。

[26]重：重视。惜：爱惜，珍惜。

[27]赀：资财，钱财。

[28]有德：有道德、品行好的人。

[29]咸宁：全都安定、安宁。

[30]名节：名声和节操。

[31]肥：增加。润：滋润。

[32]间：离间。

[33]好尚：即喜爱、崇尚。

[34]假立：凭借建立。

[35]讬："托"的异体字。依靠。

[36]横：蛮横。曲：偏邪，不正直。

[37]片：少，零星。

[38]紊：乱。

[39]攸分：有所分别。

[40]斯：此。指示代词。

[41]分形：分裂形体，这里指死亡。

[42]聚：聚积，积聚。

[43]毋怠厥志：怠：松懈，轻慢。厥志：那个志向。此句意为：不要松懈做善人以修炼成仙的志向。